SUPERE *seus* LIMITES

Mulheres que transformaram suas vidas

EDITORA
CHAVE MESTRA®

Ficha técnica

EDITORA CHAVE MESTRA®

Av. Marcos Penteado de Ulhoa Rodrigues, 1119 – Tamboré, Alphaville – SP,
Ed. Office Shopping Tamboré – Andar 21 – Sala Chave Mestra
CEP: 06460-040
@editorachavemestra
editora@editorachavemestra.com.br
Acesse: www.editorachavemestra.com.br

Título original em português:
Supere seus limites: mulheres que transformaram suas vidas

Direção editorial: Raquel Medeiros
Coordenação editorial: Bartira Costa Neves
Assistência editorial: Eloiza Andrade e Larissa Robbi Ribeiro
Revisão: Híllona Anjos e Gabriela Andrade
Diagramação e Projeto gráfico: Weslei Eugênio
***Branding* de capa:** Izzo Medeiros

Dados Internacionais de Catalogação na Publicação (CIP)

Vale, Rogério. (Organizador)

V149 Titulo: Supere seus limites: mulheres que transformaram suas vidas / Rogério Vale (org.) – Barueri, SP: Chave Mestra Editora, 2024.
240 p. : 16 x 23 cm

ISBN 978-65-5496-052-6

1. Espiritualidade. 2. Vida cristã. 3. Inteligência espiritual. 4. Liderança cristã. 5. Fé. 6. Atitude. 7. Mulheres. I. Título.

CDD 158.1

SUPERE *Seus* LIMITES

Sumário

Apresentação

A vida, por mais imprevisível que seja, é uma jornada repleta de desafios, escolhas e momentos decisivos. Cada um de nós, ao longo dessa trajetória, é confrontado com limites que parecem intransponíveis. No entanto, este livro revela histórias de mulheres que decidiram que não seriam definidas por esses limites, mas que os superariam, reinventando-se e transformando suas vidas.

"Minha vida em *patchwork*" simboliza o mosaico que todas nós, mulheres, tecemos ao longo dos anos. Feito de retalhos de experiências, dores e superações, ele nos mostra que a vida é uma colcha de retalhos em constante construção. Em "Além dos 10 minutos: descobrindo o poder de mudar", descobrimos que pequenas mudanças diárias podem gerar transformações grandiosas. Para algumas mulheres, essa transformação é radical, como em "Tenha objetivos grandiosos: de dois salários-mínimos a R$ 12 mil", onde um passo de fé leva a conquistas extraordinárias.

A jornada não é fácil e às vezes precisamos recomeçar. "Tenha fé e recomece!" é um grito de encorajamento para quem precisa se levantar após uma queda. Junto a isso, vem "O despertar da identidade", que nos convida a descobrirmos quem somos de verdade, muito além do que a sociedade nos impõe.

Sabemos que a vida é uma maratona e é preciso "Constância na adversidade", para chegar até o final, como o próprio título do capítulo já diz. Em cada capítulo visitado, encontramos o espírito de "Metanoia: renovação, transformação e superação", em que a mudança de mentalidade é o início de uma vida renovada. E, com esse novo olhar, entendemos que nosso poder reside em "Seu barco à vela: o poder do amor-próprio", nos permitindo navegar as águas turbulentas da vida com confiança.

A mensagem deste livro é clara: "Seu poder está em cada escolha que você faz". Cada uma dessas mulheres poderia ter desistido, mas "Desistir nunca foi nem será uma opção". A decisão sempre será entre ver a "Dificuldade ou oportunidade" em cada obstáculo. A luz interior que todas carregamos nos lembra que é possível "Libertar-se da escuridão", mesmo nos momentos mais sombrios.

Histórias de recomeços, como "Meu divórcio: uma sentença de morte ou de vida?", nos mostram que, mesmo em tempos de ruptura, há uma nova chance para viver. Como diz um dos títulos, a "Melhor escolha é ter liberdade emocional", e é essa liberdade que nos dá força para seguirmos em frente. Algumas histórias vão além, como em "Da infertilidade nasceu uma missão", em que a dor se transforma em propósito, provando que "O sucesso não acontece por acaso".

Cada mulher descrita neste livro traz consigo uma "Força invisível: a jornada de uma mulher poderosa", que muitas vezes é ignorada ou subestimada. Ao "Descobrir sua essência e encontrar seu propósito", vemos que a verdadeira transformação começa de dentro para fora e, em "Descubra sua identidade em deus", percebemos que há uma força maior que nos guia.

Em "Ver com olhos da alma me levou a olhos de carne", aprendemos a olhar o mundo com uma nova perspectiva, revelando verdades profundas sobre nós mesmas. E quando confrontadas com nossos medos, como em "Despertar: superando ansiedade e depressão", damo-nos conta de que a superação está sempre ao nosso alcance.

"Transformando desafios em conquistas reais" é a essência deste livro, em que cada história mostra que é possível transformar a adversidade em "Alavanca de crescimento". Como a fênix que renasce das cinzas, "O novo nasce do fim", mostrando que o término de uma fase é o início de outra ainda mais gloriosa.

Este livro também nos revela que os momentos mais difíceis podem nos levar a conquistas inesperadas, como em "Do *burnout* à maratona internacional do rio", nas quais a exaustão se transforma em força. Entretanto, a luta interna de cada mulher também é parte da narrativa, como em "Livre, porém acorrentada. De quem é a culpa?", um relato sobre como a liberdade pode ser, por vezes, ilusória.

"Entregue no altar e vivenciando milagres" traz uma dimensão espiritual poderosa, que mostra que a fé pode ser uma força inabalável diante de qualquer desafio. E, finalmente, em "Superando os desafios na vida", aprendemos que cada obstáculo é uma oportunidade para crescer, evoluir e, acima de tudo, triunfar.

Este livro não é apenas uma coletânea de histórias inspiradoras, mas um verdadeiro mapa para quem busca superar seus limites. Que ao ler cada página, você se sinta encorajada a transformar seus desafios em conquistas e que cada palavra sirva como lembrete de que o impossível é apenas um ponto de vista.

Uma leitura abençoada!

EDITORA
CHAVE MESTRA®

Alessandra Rosa

Sou Alessandra Rosa, cristã e me defino multifacetada. Nasci em Guaira/PR, sim, sou pé vermelho com orgulho, coração caiçara, neta de portugueses e filha única de pai e mãe santistas, Oswaldo e Jurema. Mãe de Taiana, Alexia e Yohan.

Nos anos 1990, comecei no mercado comercial como corretora de imóveis e hoje tenho uma empresa de representação comercial, especialização em desenvolvimento pessoal, e atuo como mentora comportamental com foco no atendimento ao cliente. Formação em Gestão de RH, *Coaching* e PNL.

Em meio a essa trajetória, encontrei tempo para corrida, paraquedismo, já tive a oportunidade de comandar meu próprio velame num salto solo, mergulho e trilhas, sendo a Pedra da Gávea meu ápice, até o momento.

Resumidamente, essa sou eu nos meus 50 anos mais bem vividos.

martins.rosa.alessandra

SUPERE *Seus* LIMITES

1 MINHA VIDA EM *PATCHWORK*

Por Alessandra Rosa

Este lindo projeto me trouxe a oportunidade de mergulhar de forma mais profunda dentro de mim para resgatar memórias e com elas a cura. Trazer à tona sonhos, projetos que não acreditava mais serem possíveis de realizar.

Volto na linha do tempo, nos meus 11 anos, aquela euforia na sala de aula, o anúncio de uma excursão e eu já penso: "Nem adianta falar em casa, meu pai não vai deixar, diz sempre que é perigoso, então nem dou muita atenção à professora".

Sigo distraída desenhando no caderno quando ouço dizer que seria uma visita a uma feira importante de livros na capital São Paulo, chamada Bienal do livro. Paro na hora, deixo o lápis cair no chão, presto atenção aos detalhes e meu coração dispara: "Preciso ir".

Chego em casa eufórica, falando agitada, minha mãe e meu pai rindo de tamanha tagarelice, conto a respeito da viagem e, quase chorando, imploro para me autorizarem a ida, e adivinhem? É claro que fui. E o grande dia aconteceu, saímos de São Vicente, a paisagem subindo, a serra é linda. Quando cheguei finalmente na feira, fico maravilhada e o único pensamento é: quero ser escritora, contar minhas histórias e poemas.

Desde pequeninha fui apaixonada por livros, lápis coloridos, papéis, escrever poemas, entre riscos e desenhos, palavras soltas, pinturas nas margens das folhas, nem sentia o tempo passar, me perdia nas horas lendo histórias e contos, mas a vida tomou outro rumo.

E veja só, depois de quarenta anos, estou aqui realizando um desejo de criança, e começando minha trajetória de escritora, minhas primeiras palavras publicadas em um livro.

Vem de encontro a minha trajetória de vida, em que a partir dos meus 16 anos se iniciaram as grandes mudanças e dolorosos aprendizados, como diz Pollyanna,[1] personagem de um clássico da literatura. Ela fala sobre fazer o "jogo do contente", abrir um sorriso e dizer que estava tudo bem quando não recebesse o que esperava. Foi, de fato, assim durante muitas décadas, a técnica que me fez seguir, até que um momento isso não foi mais possível, não funcionava, me desfiz, fui me perdendo a ponto de me desconhecer.

E hoje, no exato momento dessa reconstrução, me vejo contando pedaços de minha jornada como uma colcha de ***patchwork***. Gratidão primeiramente a Deus, por ter me permitido ser filha de Oswaldo e Jurema e mãe de Taiana, Alexia e Yohan, que são minha razão de viver, "pelos seus frutos conhecerá a árvore".[2]

Uma frase no meu perfil foi o que me conectou a esse projeto e, agora para contar, quanta responsabilidade, porque não é somente sobre mim e sim minha impressão na vida de outras pessoas e delas na minha.

Medo de avião

Um domingo à noite de setembro, em Santos, é 2015, olho minha mala cor amarelo gema, no canto do quarto, meu coração acelera, boca seca, uma angústia. "Preciso dormir, pois a semana será intensa". Com uma viagem de trabalho para o estado de Santa Catarina, acordo cedo, aquela noite mal dormida, pego estrada sentido a capital São Paulo. São 5h da manhã, ainda está escuro e o sol não apareceu no horizonte. As luzes dos faróis dos carros iluminam o caminho, tento me distrair ouvindo música, faço uma oração.

Chego ao aeroporto, faço *check-in* de embarque. Enfim dentro da aeronave, sento-me na poltrona (sempre escolho o corredor, para ler mais tranquila e não me sentir sufocada), até que a frase do comandante soa como uma sentença: "Portas em automático". Aquela sensação ruim novamente, náusea, suor frio, fecho os olhos e penso: "O que está acontecendo comigo? Já viajei dezenas de vezes, há tanto tempo! Tão corajosa e destemida com medo de avião?". Como explicar algo que a mente toma conta e nos sabota? Sim, a nossa mente tem esse poder quando nos abandonamos e vamos vivendo no automático.

1 PORTER, E. H. *Pollyanna*. Barueri: Milk Shakespeare, 2023.
2 BÍBLIA Sagrada. Nova Almeida Atualizada. Mateus 7:20. 3. ed. Barueri: Sociedade Bíblica do Brasil, 2017.

Outro sinal e o aviso: "Preparar para pouso" e, de repente, o avião arremeteu. O ar me faltou, paralisei, tudo ficou escuro, medo, pavor, "O voo vai se estender, não temos como pousar no destino e mudamos o curso para outra cidade".

A aeronave desce em outro aeroporto, não consigo sair, vergonha, dor, mas me forço a enfrentar, não tenho alternativa e ainda serão duas horas de carro até a empresa, o motorista veio me buscar. Eu estava passando mal, com dor de cabeça e náuseas, seguimos até o destino; vou direto para o hotel, sem condições de atender o cliente que já estava me esperando. Eu me senti fracassada, incapaz, frágil, frustrada, com um turbilhão de pensamentos negativos.

É, logo eu que me orgulhava da minha entrega e dedicação no trabalho, não consegui controlar minha mente tampouco meu corpo. E ainda teria que pegar outro voo de volta, depois de dois dias. Volto para casa determinada a resolver essa situação, "Não posso deixar isso me parar, faz parte do meu dia a dia". Era ela tomando conta sorrateiramente, a depressão, e eu não percebia que tinha voltado.

Salto de paraquedas

Depois de retornar da viagem e passado todo o mal-estar, como tudo em minha vida, resolvi enfrentar o que estava acontecendo, o pânico no voo foi o sinal de alerta que a depressão estava de volta (um ano antes havia feito uma imersão em desenvolvimento pessoal e uma das dinâmicas era salto de paraquedas e, na época, resolvi declinar). Entrei em contato com a terapeuta, compartilhei o acontecido e minha vontade de fazer o salto como enfrentamento, e assim fui.

Era domingo ensolarado, como dizem, "céu de brigadeiro". Fui dirigindo até Boituva, apreciando a paisagem, já que dirigir é uma das minhas paixões, e na altura dos acontecimentos saltar seria um divisor de águas, eu travaria de vez ou me libertaria. Fui para o tudo ou nada. Chegando lá, vendo aqueles velames coloridos no céu pensei: "É loucura. Mas se vim até aqui, não vou desistir".

Fiz o preparo, as instruções, assinei o termo de responsabilidade e finalmente fui para o avião. Adrenalina no corpo, rindo, mas de nervoso, conversei com o instrutor sobre o que motivou o salto e afirmei: "Quero com tudo que tenho direito, com emoção e risos".

Todos sentados em banco enfileirados, conectados pelos cintos e acoplados com os paraquedas, não tem outra saída a não ser a porta da aeronave a 12.000 pés. Sentada na porta, fecho os olhos. Quando penso que iremos contar até três, já estamos em queda livre, na imensidão do céu e a terra tão pequena e bela abaixo.

Fico extasiada pela maravilha que Deus fez, como é lindo! E entendo a frase: um pássaro quando aprende a voar sabe mais sobre coragem do que voo. O medo vai embora, sinto uma paz me invadir, uma alegria, o velame abre e vamos plainando até o solo. Quando sinto a terra, uma euforia, energia, me sinto revigorada. A vida me dizendo: recomece.

Partida

Seis anos antes, sexta-feira, dia 3 de agosto, no hospital em Cubatão, passei os últimos trinta dias indo e voltando de casa e não podia acreditar que seria a última vez que o veria. Ele partiu logo após eu sair; minha mãe, que ficou incansavelmente ao lado dele até o último suspiro, me liga e fala: "Filha, seu pai descansou". Meu mundo desmoronou, o chão faltou aos meus pés.

Uma dor que não tenho palavras para explicar, meu herói, meu protetor, meu alicerce, meu guia aqui na Terra, presente de Deus na minha vida. Ele partiu tão novo, não tive tempo de mostrar para ele o quanto me sentia orgulhosa em ser sua filha, não dei todos os abraços, muitos "eu te amo" ficaram calados aqui dentro.

Eu nem podia imaginar quanta coisa ia ter que aprender sem ele, sem seus conselhos para me direcionar, em quem me apoiar. Estava agora pela primeira vez a dar meus primeiros passos sem ele ao meu lado para me orientar.

Em meio a mais um término de casamento, a partida do meu pai me destruiu. Eu sendo filha única, minhas filhas, meu filho e a partir de agora minha mãe também – tão frágil por ter perdido seu grande amor e razão do seu viver –, todos dependeriam somente de mim, seria eu o esteio de todos. E quem cuidaria de mim? No desespero, perguntava a Deus porque Ele tinha me abandonado, levado meu pai, e eu não sabia como fazer, o que fazer, não acreditava que eu seria capaz.

De todos os recomeços, esse foi o mais doloroso, desafiador e fiquei totalmente perdida. A única certeza que tinha é que não poderia ficar ali chorando. Não vivi meu luto, guardei minha dor porque precisavam de mim e apenas segui. Dessa vez não era recomeçar, era escrever uma nova história a partir de mim.

Patchwork

Comecei a costurar por volta dos meus 14 anos e a costura me salvou inúmeras vezes. Fiz roupas sob medida, fabriquei bonés, uniformes, máscaras na pandemia, mas a que me traz uma conexão com a minha vida é a técnica de *patchwork*, que é a união de pedaços de tecidos de cores variadas, cortados de tamanhos diferentes para compor um desenho e cada união cria uma harmonia singular. Assim como a minha vida, a união das minhas trajetórias, unidas pelos fios na vida, com sua beleza na harmonia desigual de suas cores, dores e alegrias.

São tantas histórias cortadas, interrompidas e interligadas, de finais e recomeços, que me trouxeram até aqui. Encontros felizes e separações dolorosas, de lutas e vitórias, de doenças e de curas, muitos questionamentos e lágrimas, muitas vezes me perdi, sem saber quem eu era e como recomeçaria. Os parágrafos acima são fragmentos da minha jornada, que foram interrompidos de alguma maneira. Não tenho uma vida linear, e sim altos e baixos, mas sempre com recomeços. Eu me tornei especialista em recomeços, mas sempre encontrando uma beleza nessa colcha chamada vida, nas minhas filhas e no meu filho, no legado do meu pai e na força da minha mãe. No aprendizado sobre o que é o amor, que ele precisa começar por nós e através de nós. Que nada nessa vida é por acaso, e quando você pensa em desistir, sempre tem alguém que vai lhe estender a mão e dizer: "Continue, porque você é importante".

Quando tudo for dor, lembre-se que isso irá passar (as alegrias também), e é como minha terapeuta diz, que pessoas feridas ferem, porque eu já fui ferida e feri, peço perdão por isso. Mas pessoas curadas curam, e é o que busco todos os dias quando acordo: ser melhor do que fui um dia, para que com o meu agir possa ser um veículo de cura para alguém.

Construa o seu melhor! Desejo que tenha orgulho da sua história, porque ela é sua e de mais ninguém.

Continua...

“Tenha orgulho da sua história, porque ela é sua e de mais ninguém.”

Alessandra Rosa

Ana Prado

Sou Ana Lúcia de Almeida Prado Fernandes, natural de Santos/SP. Mudei ainda criança para a cidade Rio Claro/SP, onde resido com meu esposo e minha filha.

Sou advogada há catorze anos, especializada em Direito do Trabalho, terapeuta floral, formada em advocacia sistêmica, constelação familiar e dona de restaurante.

Por ser muito curiosa e me interessar por diversos assuntos, consegui me reencontrar e superar desafios que passei na minha vida.

Vendo na prática os bons resultados, quis fazer isso transbordar e, assim, auxilio advogados em início de carreira e sou mentora de mulheres, guiando-as a ocuparem seus lugares e fazerem as pazes consigo mesmas e com a profissão, alcançando uma vida mais livre e próspera.

eu.ana.prado

floral.floralma

seubento

+55 (19) 97153-5390

analapf@hotmail.com

SUPERE *Seus* LIMITES

2 ALÉM DOS 10 MINUTOS: DESCOBRINDO O PODER DE MUDAR

Por Ana Prado

Era uma tarde comum de uma sexta-feira do mês de setembro de 2013, havia chegado a minha vez de passar no caixa da farmácia, quando senti uma forte dor no meu pescoço e a operadora do caixa me alertou: "Moça, tem uma bola no seu pescoço!". Passei a mão e senti; saí correndo. Fui atendida de emergência por um otorrino e o prognóstico foi péssimo: se eu não chegasse no hospital em dez minutos, minha vida estaria acabada.

Como assim, acabada? Meu casamento estava marcado, eu tinha prova do vestido no sábado, tinha coisas pendentes no escritório, mas a única coisa que me restava naquele momento era pedir ao meu pai, que estava dirigindo o carro, para ir muito rápido e ligar para a minha mãe dando a notícia de que talvez não nos falaríamos mais. Cheguei ao hospital e o diagnóstico veio: um grande nódulo repentino na tireoide.

De fato, eu superei os dez minutos, mas passei a usar diversos medicamentos, o meu corpo ficou desgovernado e minha vida também. Após um ano, fiz a cirurgia; no pós-cirúrgico me injetaram um medicamento errado e, desacordada, fui para a UTI. Ali fiquei por horas, e, durante esse tempo, me vi em um campo verde, muito grande, no qual eu corria muito, até que um senhor colou o rosto no meu e disse: "Volta e muda a sua vida!". Acordei bastante atordoada, fui tomando consciência aos poucos do que havia acontecido. Eu perdi metade da tireoide e, segundo o médico, tomaria remédio para o resto da vida, seria muito difícil engravidar e, dali a cinco anos, ele com certeza me veria novamente para retirar a outra metade.

Entre todas essas opções, resolvi seguir o conselho do senhor que estava comigo no campo: mudei de vida e, para adiantar, não tomo nenhum remédio. Após cinco anos da cirurgia, em setembro de 2019, eu estava cantando parabéns para a minha filha, da qual engravidei naturalmente, fruto de um novo casamento.

Adiantei o final da história, mas e o meio? Como mudar de vida? Como não sofrer a penalidade da sentença de um médico? O meio da história é que fui acometida por TAG (Transtorno de Ansiedade Generalizada) e, para lidar com isso, a princípio com meu conhecimento raso de mim mesma, achei que a melhor saída era usar medicamentos. Até que o tempo passou e isso já não era mais suficiente, mudava quimicamente meu cérebro, mas eu não mudava, ou seja, o medicamento me acalmava, mas eu continuava fazendo as mesmas coisas, vivendo da mesma forma, o que me levava aos mesmos resultados.

Nesse ponto, é crucial que você saiba: se pretende mudar algo em sua vida, é necessário dedicação, resiliência, despedidas de velhos padrões, de pessoas e de ambientes. É preciso mergulhar em si mesma e lhe digo que as profundezas do autoconhecimento, a princípio, parecem bem escuras; assumir os erros, tocar nas feridas, pode ser bem dolorido, mas aos poucos as emoções vão ficando límpidas e nem lembramos mais como era viver sem o conhecimento, sem consciência de si mesma.

Quando somos acometidas por um problema de saúde, na maioria das vezes, procuramos um médico que possa cuidar do "pedaço" do nosso corpo que adoeceu, então tratamos com remédio e tudo está resolvido. Será? Na verdade, não. O corpo físico é apenas o local de manifestação daquilo que já vem acontecendo em outras camadas que nos compõe, quer sejam: mental, emocional e energética, porém, pela falta de conhecimento, somente tomamos consciência de que algo não vai bem quando se materializa no corpo físico.

Conhecer e, mais do que isso, aceitar a ideia de que não somos apenas um "pedaço de carne" é essencial para que mudemos nossa realidade. Tudo aquilo que pensamos vira um sentimento, uma emoção que vira um comportamento e que gera um resultado, e ao agirmos sempre da mesma maneira, não é possível mudar o que está sendo manifestado no campo físico da nossa vida.

Pois bem, aqui se inicia a resposta de uma das perguntas: "Como mudar de vida?".

Em primeiro lugar, tomando consciência das leis que regem nossa vida e neste ponto transbordo para você parte do conhecimento que me fez iniciar essa jornada de mudança.

Existem três leis que atuam em todos os nossos relacionamentos, desde a nossa concepção, são elas: a Lei do Pertencimento, da Ordem e do Equilíbrio.

Sobre a Lei do Pertencimento, convido você a uma reflexão: quantas vezes você já fez algo para pertencer? Para se sentir acolhida? Sabe quando queríamos estar em um grupo de amigos e tínhamos atitudes iguais, fazíamos as mesmas coisas para sermos aceitas? Essa é a Lei do Pertencimento atuando e seria bom se ela atuasse somente em coisas simples, porém, ela permeia todos os nossos relacionamentos e nossas atitudes e isso acontece desde sempre, porque o primeiro lugar que temos a necessidade de pertencer é em nossa família.

Então, sem consciência, vamos pensando, sentindo e agindo de forma automática, repetindo padrões familiares para pertencer, para dizer que somos iguais, mas fazer isso pode nos levar a sérias consequências, como ter problemas de saúde iguais, não prosperar nos relacionamentos e financeiramente, compactuar traumas, dentre tantas outras que fazem com que tenhamos problemas que parecem não ter solução.

A Lei da Ordem é o estabelecimento da ordem em nossas vidas, saber qual o nosso verdadeiro lugar em cada situação e relacionamento. Estar fora do lugar traz o caos e trago mais uma reflexão prática para você: você já agiu, por exemplo, como mãe do seu marido, dando ordens e o tratando como uma criança? Já se sentiu mãe dos seus pais, porque acreditou que eles não dariam conta de suas próprias vidas? E, agindo assim, se sentiu sobrecarregada? Não vista? Pois é, esses são alguns exemplos dos resultados do que é estar fora do lugar, o que gera o fechamento da prosperidade financeira, dos bons relacionamentos e da boa saúde. Enfim, o caos.

A Lei do Equilíbrio é de troca, do dar e receber, ela atua nos resultados obtidos daquilo que investimos nossa atenção, nosso tempo e energia, e se as duas leis anteriores estão sendo colocadas em prática sem consciência. Com essa terceira lei, iremos colher os frutos de querer pertencer a um sistema nocivo e de colocar energia e tempo em pessoas e coisas estando fora do nosso lugar.

Muitas mulheres, e eu também já fui uma delas, têm a tendência a se doarem demais, cuidar de todos, serem as salvadoras, até que se esgotam, e, fazendo demais, não percebem que não receberam nada em troca. Colhem o sentimento da ingratidão das pessoas que as cercam e acabam por dizer que estão cansadas e que não têm mais nada a oferecer, se fecham e até mesmo se revoltam. Mas a verdade é que, embora pareça bom, se doar demais pode sufocar o outro, que, por sua vez, se afasta e a consequência é nunca nos sentirmos boas o suficiente para receber de volta o que doamos e colhemos a escassez de doar demais e receber de menos da vida.

Ter o conhecimento dessas três leis, aliadas ao autoconhecimento, é o primeiro passo para pertencemos a nós mesmas, aos bons relacionamentos, com a ordem de saber o nosso lugar e fazer apenas aquilo que nos cabe, trazendo o equilíbrio de troca da vida, ou seja, doamos nosso tempo e energia da maneira correta e a vida nos devolve em abundância e prosperidade em todas as áreas.

Mas, e a segunda pergunta? Como não cumprir a pena da sentença de um médico? Bem, como eu já trouxe para você, tudo o que se manifesta em nosso corpo físico vem de outras camadas – nossos pensamentos, emoções e sentimentos – e foi esse segundo conhecimento que me fez subir mais um degrau da mudança e, assim, ouvir meu corpo, não o tratá-lo mais como um "pedaço" de carne. Esse conhecimento foi o da psicossomática.

Passei a entender que tudo o que acontece em nosso corpo físico tem uma explicação muito mais profunda do que somente o que nos foi apresentado até hoje e, assim, entendi não só o verdadeiro motivo do meu nódulo "repentino" na tireoide, mas cada sintoma que se manifesta no corpo físico.

A tireoide fica localizada na região da garganta, que é o centro da nossa expressão, e o que a adoece é justamente a crença de inferioridade, a falta de otimismo, não expressar aquilo que verdadeiramente gosta e sente, a autocobrança, a rigidez do "tem de ser assim" e a corrida frenética que nos anestesia do sentir. É importante destacar que cada problema físico terá sua explicação própria.

Então, tomando consciência da origem do problema, é possível mapear aquilo que está errado e colocar em prática a mudança, ao exemplo do que aconteceu comigo, eu não expressava minhas vontades reais. Ainda noiva não queria me casar, mas eu me casei; eu tinha amizades que não combinavam comigo, mas eu as mantinha; eu repetia padrões familiares nocivos, tudo tinha que estar perfeito, tinha que "ser assim". E tudo isso acontecia porque eu queria pertencer aos padrões do que era "certo", estava fora do meu lugar, o que me levava ainda a me doar demais para todos ao meu redor.

A respeito disso, mais um conhecimento chegou em minha vida, pois além de ser uma transgressora das leis da vida e não ouvir meu corpo, eu desrespeitava outra coisa fundamental: as polaridades masculina e feminina. O estar sempre ocupada, trabalhando o tempo todo, fazia eu não ter tempo de me conectar com Deus, com a minha intuição, não descansar e viver somente na polaridade masculina, deixando de lado a essência feminina.

Então, integrar as polaridades masculina e feminina, aliadas às leis da vida, traz resultados impressionantes e um reencontro com a verdadeira essência, nos dando mais uma vez nosso lugar com equilíbrio. Mas, neste ponto, lhe digo que isso não significa que a vida ficou perfeita. A vida é movimento, é composta de conquistas e desafios, mas ter consciência é o que traz a possibilidade de sair da repetição de situações nocivas.

Se você busca mudar algo que não faz mais sentido, superar os seus limites, convido você a iniciar a jornada escaneando o *QR Code* e a fazer o exercício que lhe trago como ferramenta.

Estamos juntas! Um abraço!

Com carinho,

Ana

“

A mudança somente acontece quando a dor e a consequência de permanecer como está é maior do que o medo de mudar.”

”

Ana Prado

Créditos: Dani Costa.

Ana Rodrigues

Sou Ana Rodrigues, mulher nordestina, há 32 anos precisei trocar o sertão pelo litoral em busca de um objetivo. Moro em Recife com minha filha Laura Rodrigues, princesa do Senhor, filha do Deus Vivo.

Mãe independente, cristã pela graça de Deus, mestre em Administração, especialista em Marketing, graduada em Economia e RH. Sou consultora e mentora de empresários que buscam estruturarem o seu negócio, reduzindo custos e aumentando o lucro.

Minha jornada profissional começou aos 14 anos; foram vários mercados, segmentos e experiências. Hoje, aos meus 47 anos, sou abençoada por Deus com conhecimento holístico, que me permite viver o meu propósito e contribuir com desenvolvimento de pessoas, negócios e empresas.

anarodriguesconsultora

estruturarconsultoria

keepo.io/anarodriguesmentora

SUPERE *Seus* LIMITES

3 TENHA OBJETIVOS GRANDIOSOS: DE DOIS SALÁRIOS-MÍNIMOS A R$ 12 MIL

Por Ana Rodrigues

"Viver é um rasgar-se e remendar-se", já dizia Guimarães Rosa.[1] Eu sou do grupo das autoras da sua própria história, que vivem em busca dos seus objetivos sem se permitir serem meras coadjuvantes. A cada dia uma possibilidade de fazer e ser diferente, em prol dos meus objetivos. Não consigo ver a vida sem objetivos, sem uma direção. Busco sempre ter sucesso e acredito que só é possível se tivermos objetivos.

Você tem vergonha ou medo daquilo que você quer? Qual a sua relação com seus objetivos? Ou você vive à mercê dos acontecimentos, vivendo o aleatório, sem ter uma direção a seguir? Eu posso lhe garantir: sem um objetivo definido você está perdendo tempo e dinheiro. E eu posso provar isso para você. Eu sei que às vezes nos acomodamos e renunciamos nossos objetivos, preferindo o cantinho quente da zona de conforto.

Porém, a vida, que não é assim tão fácil, às vezes lhe sacode e você perde tudo, ou quase tudo. Foi isso que aconteceu comigo, várias vezes, e é para falar sobre isso que estamos aqui. Já pensou você aos 41 anos, mãe solteira, morando sozinha, sem apoio financeiro, ser demitida? Vou fazer um resumo para você entender como eu fui de professora universitária com dois salários-mínimos à empresária com R$ 12 mil por mês, em sete anos, com uma pandemia no percurso, vale ressaltar. Tudo começou nos meus 35 anos, quando iniciei o mestrado, fui convidada a dar aulas no interior e, em seguida, engravidei. Foram três objetivos de uma vez, já pensou?

1 ROSA, G. *Tutameia*: terceiras estórias. São Paulo: Global, 2021.

Quando fiz 34 anos, o relógio biológico bateu e eu pensei: o que estou fazendo da vida? Tenho emprego, mas não tenho segurança, estou há vinte anos fora da minha terra natal e não construí minha família. Eu tinha o sonho de fazer mestrado, de voltar a morar no interior e de ser mãe. Confesso que foram muitas noites de choro e murmurações.

Coloquei em prática a estratégia que sempre deu certo: defini meu objetivo, ser mestre até os meus 35 anos. Pesquisei várias universidades e descobri que na Universidade Federal Rural de Pernambuco, onde cursei Economia, tinha o mestrado em Administração, mas eu tinha perdido a data da inscrição para seleção daquele ano. Eu tinha um prazo para o meu objetivo, então, pesquisei e descobri que podia fazer a seleção para aluna especial e adiantar quatro disciplinas. Fui selecionada, iniciei as aulas e continuei estudando para a seleção.

Vou fazer uma pausa aqui para lhe encorajar a definir um objetivo. Todas as vezes que vivi o aleatório, deu errado, eu perdi emprego, dinheiro e muito tempo. E o tempo é a maior perda que podemos ter, pois é um recurso irrecuperável. Defina o seu objetivo, pesquise, estude, analise, determine um prazo, desenvolva estratégias e aja. Como você gostaria de estar daqui a um, dois, cinco anos? É muito tempo para você? Então pense em meses. Escreva a primeira coisa que vier em sua cabeça e não deixe que preconceitos ou outros pensamentos bloqueiem sua mente. Simplesmente coloque no papel tudo aquilo que visualiza para seu futuro, o mais claro possível, detalhes importam. Agora pesquise, busque informações sobre o que você quer, estude se realmente faz sentido para você e se tem a ver com o seu propósito de vida (falaremos sobre isso adiante).

Voltando ao meu relato, um objetivo me levou a outro. No mestrado, fui convidada a dar aulas em uma faculdade no interior, o primeiro passo para o meu outro objetivo: voltar a morar na minha terra natal. Comecei com duas disciplinas, viajava toda semana, ainda tinha vínculo em duas faculdades em Recife. Nesse mesmo ano, conheci uma pessoa, iniciamos um relacionamento, primeiro passo para outro objetivo: ser mãe. Acredite, em menos de dois anos, três objetivos alcançados, várias consequências, aprendizados e limites superados. Mas vamos focar o tema desse capítulo, como eu fui da CLT com dois salários-mínimos para empresária, com R$ 12 mil na conta. Esse foi outro objetivo que defini quando fui demitida. Mas até chegar nesse ponto foram vários desafios.

A faculdade gostou do meu trabalho e me propôs aumentar a carga horária. Após o nascimento de Maria, mudei para interior. Pedi demissão dos vínculos da capital, vendi meu apartamento, voltei para o interior, comprei uma casa de alto padrão (outro objetivo) e durante uns anos deu tudo certo. O tempo foi passando e foram surgindo convites para outras atividades, fora da faculdade, uma delas como palestrante. Até que um dia um cliente colocou um outdoor na frente da faculdade com o meu nome como palestrante de um evento. Pronto, foi o suficiente para começarem a reduzir minhas disciplinas e eu fui de um salário de R$ 6 mil para R$ 2.500 e logo depois veio a minha demissão: “Aqui quem tem que aparecer é a faculdade, e não o professor”, foi o que ouvi ao perguntar o motivo. Naquele dia fatídico, eu prometi que nunca mais passaria por isso. “Vou abrir minha empresa de consultoria, vou trabalhar para mim”.

Comecei a buscar treinamento de consultoria e um me chamou a atenção, porque falava sobre crescimento pessoal e profissional. Investi boa parte da minha rescisão nesse curso, na expectativa de voltar com tudo para me destacar como consultora de empresas. Peguei um avião e fui para São Paulo, três dias imersa em autoconhecimento, aprendi muito, me desafiei e no final voltei com a certeza do que estava faltando na minha vida: Deus. Ao fazer a ferramenta Roda da Vida, descobri que faltava conhecer o meu Criador e que precisava comprar uma Bíblia. Foi aí que um novo mundo se abriu para mim. Voltei na certeza que minha vida mudaria e defini como objetivo faturar R$ 10 mil por mês.

Por vezes, seus objetivos parecem muito distantes e isso pode causar desânimo e comodismo. Assim, divida-os em pequenas metas com prazos mais curtos. É importante não desistir e ater-se sempre às etapas do planejamento, uma meta por vez. Na ocasião, o prazo era dois anos. Antes do meu prazo encerrar, veio a pandemia da covid-19 e eu cheguei ao fundo do poço. Imagine uma palestrante sem dar palestra, uma consultora com as empresas fechadas. Eu precisei superar todos os limites, usei minhas reservas, recebi auxílio emergencial e cheguei ao ponto do meu irmão me levar alimentos. Nossa! Essa foi a parte mais difícil da pandemia para mim. Eu que sempre fui independente, comecei a trabalhar aos 14 anos; aos 16 anos, já morava sozinha na capital e me sustentava; e aos 43 anos era sustentada por auxílios.

Ao final do primeiro ano da pandemia, começou o movimento do novo normal e eu reagi, comecei a fazer lives e convidar os empreendedores a se reorganizarem para voltar a trabalhar. Eu precisava de empresas abertas para dar consultoria. Comecei um movimento de treinamento on-line, inicialmente gratuito e depois comecei a cobrar. Criei minha primeira mentoria on-line, "Do zero ao topo", visando fechar dez turmas. Foram cinco turmas, até que surgiu um convite para uma consultoria em Recife e os planos mudaram (seguia firme no meu objetivo). Nesse mesmo período, minha relação com Deus mudou, comecei a ouvir louvores, assistir a pregações, frequentar uma igreja evangélica, ler a Bíblia, até que me converti. Os desafios eram muitos, mas as minhas atitudes mudaram, eu entendi que não estava sozinha, eu sentia uma proteção incrível, eu comecei a ver Deus em tudo.

Nesse processo de mudança, Deus me mostrou que para eu crescer como consultora, eu precisava voltar a morar na capital. Aproveitei a oportunidade de uma consultoria em Recife a convite de uma amiga, busquei novos clientes e graças a Deus essa mesma amiga me indicou outro cliente. No decorrer do processo, o meu primeiro cliente me convidou a ter um contrato fixo de dois anos e o segundo cliente usou a mesma estratégia, e eu voltei para Recife com R$ 5 mil de renda garantida, uma filha para criar e um CNPJ para crescer.

Você deve estar pensando: "Depois que você se converteu, mudou a estratégia?". Mudei, sim, continuo definindo objetivos, mas consulto Deus antes, peço confirmação, corro atrás das informações, quanto mais familiarizada com aquilo que eu quero, mais fácil será para identificar oportunidades. Busco embasamento na palavra, sem informação o risco da sua estratégia não ser eficiente é alto. Traço metas plausíveis em curto e médio prazo, calculo os recursos necessários e crio um plano de ações. E isso é bíblico; em Lucas 14:28-34 está escrito: "Pois qual de vós, pretendendo construir uma torre, não se assenta primeiro para calcular a despesa e verificar se tem os meios para a concluir? Para não suceder que, tendo lançado os alicerces e não a podendo acabar, todos os que a virem zombar dele, dizendo: este homem começou a construir e não pôde acabar".[2]

2 BÍBLIA. Almeida Revista e Atualizada (ARA). Disponível em: https://www.bibliaonline.com.br/ara/lc/14/28-32. Acesso em: 30 set. 2024.

Cheguei a Recife ainda no período de pandemia. Era Deus, eu, minha filha e uma tia que sempre foi meu suporte em Recife. Eu tinha vários objetivos: comprar um apartamento, estruturar minha empresa e não voltar para o interior. Pela glória de Deus, comprei meu apartamento melhor do que o anterior (vendido), minha empresa começou a crescer e hoje sou consultora e mentora de empresários, recebo por mês um pouco mais de R$ 12 mil. Tenho minha agenda lotada e estou estruturando minha empresa para as primeiras contratações.

Tem um louvor que fala “Seja forte, corajoso e não desanime” e eu acrescento: seja honesta com você mesma, defina objetivos tangíveis e reais, tenha um propósito, uma intenção, um motivo, converse com Deus, Ele vai lhe revelar o propósito dele com você. Tenha objetivos que lhe tragam satisfação, prazer, alegria, deleite. Alinhe seus objetivos pessoais com os profissionais. Evite esperar por resultados fáceis e pense em sua situação atual como uma etapa necessária para alcançar seu objetivo.

Estou aqui, escrevendo o meu primeiro livro impresso, porque meu propósito é contribuir com o crescimento de pessoas e empresas. Ser autora de um livro sempre foi um objetivo. Ser uma das mentoras mais conhecidas do Brasil também. E outros objetivos virão, eu creio, porque o meu Deus é o Deus do impossível. Agora é sua vez! Escreva aqui um objetivo com prazo para ser alcançado. Vou ajudar você: Meu objetivo é ____________ ______________________________________ no prazo de ______ meses.

“Tenha objetivos grandiosos, não viva o aleatório, confie em Deus e aja.”

Ana Rodrigues

Cibelle Soares

Sou Cibelle Soares, cristã de coração e alma, nascida em João Pessoa/PB, filha de seu Ramos e dona Nita, que me ensinaram os valores que guiam minha vida. Ao lado de Otávio Gomes, tenho a alegria de ser mãe de Milena, minha maior motivação.

Como esteticista e cosmetóloga com mais de quarenta certificações, me tornei master em Estética Integrativa e Ortomolecular, especialista em Criolipólise, e CEO da CS Estética Avançada. Minha missão é transformar vidas, restaurando a saúde e a autoestima de mulheres.

Viajei por quatorze estados brasileiros, sete países e quatro continentes, sempre movida pela fé, que me sustentou e me impulsionou nas minhas adversidades. Minha história é sobre se reinventar e amar o que faz, sempre com os olhos fixos no Senhor.

cibellesoaresesteticista

+55 (83) 98851-7506

SUPERE *Seus* LIMITES

4 TENHA FÉ E RECOMECE!

Por Cibelle Soares

O ano era 2013 e eu estava enfrentando um período muito difícil. Como proprietária de uma pequena academia há cinco anos, a qual era minha principal fonte de sustento, estava lidando com uma crise financeira profunda, o que também afetava minha saúde emocional. E, como cristã, é relevante mencionar que nesse período eu estava afastada dos caminhos do Senhor.

Pensei em como poderia melhorar toda essa situação, mas diante de todos os investimentos que já haviam sido feitos na empresa e da ausência de evolução, tive que buscar um plano B. Pensei em voltar para a faculdade. Mas, como já havia largado o curso de Ciências Econômicas no 7º período, precisava ser assertiva nessa escolha. Estética era algo que sempre gostei. Decidi então que o curso seria Estética e Cosmetologia.

Sem dinheiro para pagar, precisei entrar nos planos de financiamento do governo, que, até hoje, inclusive, estou pagando. A situação era difícil: contas atrasadas, crises de ansiedade e choro eram constantes. Busquei ajuda com psicólogos e até usei medicamentos para lidar com a situação.

A duração do curso era de três anos e até lá eu precisava ganhar dinheiro, porque até o salário dos meus professores estava atrasado. Isso era o que mais me afligia, saber que outras pessoas, famílias, dependiam desse dinheiro. Então, pedi a uma amiga para trabalhar na empresa dela como cerimonialista. Na época, eu ganhava R$ 150 por noite (das 19h às 3h), e todo o dinheiro que ganhava não era para mim, mas para minha empresa. Agradeço a Deus até hoje pela oportunidade que ela me deu, mesmo sabendo que muitas pessoas criticaram o fato de a "dona da academia" estar trabalhando para os outros.

Os três anos de curso passaram e, como todo recém-formado sabe, o diploma nas mãos não é garantia de trabalho. Até que uma "amiga" da faculdade, que estava trabalhando em um salão de beleza, me chamou para dividir o espaço com ela. Ela atuaria com estética facial, e eu, com corporal. Do meu lucro, ainda deixaria uma parte para ela. Comprei um pote de creme e comecei. Todo início é desafiador: oferecer seus serviços, divulgar, vender, executar um bom trabalho, agradar os clientes e esperar por um retorno que nem sempre vem tão rápido. Mas o essencial eu já tinha feito: dado o primeiro passo.

Sempre fui apaixonada por estética corporal e sentia a necessidade de investir em tecnologia para aprimorar meus atendimentos. Consegui comprar minha primeira máquina, financiada em dez vezes no nome de outra pessoa, porque eu não tinha crédito suficiente. Foi aí que as coisas começaram a fluir. Os clientes começaram a lotar minha agenda e havia muito mais atendimentos corporais do que faciais. E então, veio a decepção. A minha "amiga" e sócia decidiu que não me queria mais na sociedade e me mandou embora.

Naquela época, eu já havia passado a academia para outra pessoa, mas ainda devia salários e impostos. Como se isso não bastasse, o banco ameaçou tomar meu apartamento, caso eu não quitasse a dívida. Eu tinha um Fox, que na época custava R$ 20 mil e que financiei em 60 vezes de R$ 997. O que eu fiz? Vendi o carro para regularizar as parcelas do apartamento. Mas, pasmem, após cinco anos de uso, o carro valia apenas R$ 17 mil.

Passei muitas noites chorando, sem conseguir dormir, pensando em como faria se ela realmente me tirasse de lá. Enviava mensagens de madrugada me humilhando, implorando para que ela reconsiderasse sua decisão. Mas ela foi irredutível. Até que a dona do salão interveio, afirmando que não havia motivo para eu sair de lá, e que, da mesma forma que várias cabeleireiras dividiam o mesmo ambiente, duas esteticistas também poderiam compartilhar o espaço. E foi assim que eu recomecei, sozinha.

Nesse recomeço, Jesus me chamou de volta para Seus braços. Ao viver uma experiência espiritual inesquecível com Ele, prometi que nunca mais me afastaria, e que viveria uma vida para agradá-Lo. Decidi buscar viver o que a Bíblia nos ensina em Mateus 6:33 (NVI): "Busquem, pois, em primeiro lugar o Reino de Deus e a sua justiça, e todas essas coisas lhes serão acrescentadas".[1]

Meu lema sempre foi: trabalhar de forma honesta e correta, sem prejudicar ou passar por cima de ninguém, dando o meu melhor, amando meus pacientes. Eu sabia que, agindo assim, a honra de Deus chegaria até mim. Como a Palavra de Deus nos diz: "E todas estas bênçãos virão sobre ti e te alcançarão, quando ouvires a voz do Senhor teu Deus" (Deuteronômio 28:2, ACF).[2] E foi assim que aconteceu: as bênçãos me alcançaram.

Ainda trabalhando como cerimonialista, eu dividia meu tempo com os atendimentos no salão e comecei a dar aulas em um curso técnico de estética. Às vezes, minha rotina começava às 8h e terminava às 3h da manhã. Eu estava buscando me reerguer. Ainda havia muitas dívidas a serem quitadas e os investimentos na minha área de trabalho eram constantes. Mas em tudo eu sentia a mão de Deus. A partir dali, não era apenas sobre competência, mas sobre graça.

Minha vida se resumia a trabalhar e ir para a igreja.

No meu trabalho, conheci muitas pessoas especiais, clientes que se tornaram amigas e que estão comigo até hoje. Também conheci meu marido, pai da minha filha, que há oito anos está ao meu lado, me apoiando, me incentivando, me dando suporte e fazendo parte dessa história.

Trabalhar no salão, para mim, sempre foi suficiente. Devido à experiência com a academia, eu não queria mais ter empresa nem grandes responsabilidades. Mas as coisas não são como a gente quer, e sim como Deus quer. "O coração do homem pode fazer planos, mas a resposta certa dos lábios vem do Senhor" (Provérbios 16:1, ARA).[3] E a partir do momento em que entreguei minha vida a Ele, precisei estar disposta a aceitar os "nãos" e os "sins" que Ele tinha para mim.

Com a chegada da minha filha, senti a necessidade de ter mais tempo para ela nessa fase inicial. Então, decidi sair do salão e procurar uma sala pequena onde eu pudesse atender meus pacientes, mas fazendo meu próprio horário. Com o coração grato por todas as oportunidades que a

1 BÍBLIA Sagrada. Nova Versão Internacional (NVI). Rio de Janeiro: Thomas Nelson Brasil, 2017.
2 BÍBLIA Sagrada. Almeida Corrigida Fiel (ACF). Rio de Janeiro: Thomas Nelson Brasil, 2019.
3 BÍBLIA Sagrada. Almeida Revista e Atualizada (ARA). Rio de Janeiro: Thomas Nelson Brasil, 2012.

dona do salão me deu, me despedi de lá e comecei uma nova fase, agora como dona da minha microempresa.

Apaixonada pelo que faço, sempre estudei muito e fiz vários cursos. Logo após a fase mais crítica da pandemia, fui fazer um curso que estava em alta: criolipólise. Mal sabia eu o que me aguardava após esse curso.

O curso foi ministrado pela maior autoridade em criolipólise no mundo, Chris Tofoli. No início, achei o conceito e a técnica complexos demais. Sentia que não conseguiria desenvolvê-la, então orei ao Senhor, pedindo Sua ajuda. Lembro-me até hoje das minhas palavras: "Pai, eu não sei o que essas profissionais têm que conseguem entregar esses resultados incríveis, mas eu tenho o Senhor e sei que vais me ajudar".

Comecei alugando uma máquina, porque o investimento para comprar era muito alto, e além de não ter o valor, eu tinha medo de me endividar novamente. Após quatro meses de aluguel, já pagando o valor de uma parcela, tomei coragem de comprar minha primeira máquina de criolipólise. Em apenas três meses, aplicando o que aprendi e confiando nAquele que me capacita dia após dia, os resultados começaram a aparecer. E foram muitos, ao ponto de chamar a atenção de clientes, empresas do ramo da estética, e da própria Chris Tofoli, que me convidou para ser sua monitora.

Como monitora, fomos criando um laço de amizade e confiança que cresceu e se fortaleceu. Hoje, tenho a honra de sermos parceiras em cursos que ministramos juntas.

O espaço em que eu trabalhava ficou pequeno para a demanda e precisei procurar um lugar maior. Consequentemente, aumentei a quantidade de colaboradores também. Uma máquina já não era suficiente, e precisei investir em mais. Hoje, tenho cinco máquinas de criolipólise, além de outras tecnologias disponíveis na clínica.

Atualmente, sou considerada uma referência em criolipólise de placas e dou palestras em congressos e eventos no segmento da Estética. Sempre oro antes de subir em qualquer palco, para que não seja eu, mas o Espírito Santo através de mim. Meu desejo é auxiliar outros profissionais a transformarem suas histórias, assim como transformamos a autoestima de tantas mulheres que passam por nossas mãos.

Quando me perguntam o que fiz para chegar aonde cheguei, respondo: coloquei Deus como prioridade na minha vida e obedeci aos Seus princípios. Estudei, me capacitei, dei o meu melhor e amei meus pacientes. Nunca fui desonesta, nem quis passar por cima de ninguém. Tudo coloco diante de Deus e, se for da vontade dEle, vai acontecer.

Se minha trajetória lhe ensinou algo, que seja isto: o recomeço é possível, mesmo nos momentos mais difíceis. Quando me vi sem chão, com dívidas e sonhos quase desfeitos, escolhi confiar em Deus e dar um passo de fé. As adversidades não me definiram; foram minha força motriz. Se você está enfrentando desafios, lembre-se: o primeiro passo é o mais difícil, mas é também o mais poderoso. Não desista, não importa quão complicada seja a situação. Deus honra quem confia Nele, quem trabalha com integridade e quem, acima de tudo, acredita que é possível. Recomeçar é a prova de que você tem a força necessária para transformar dificuldades em vitórias. Sua história ainda está sendo escrita, e ela pode ser tão grandiosa quanto a fé que você depositar nela. Acredite, confie e recomece. As bênçãos alcançarão você!

“Recomeçar em meio às dificuldades é um ato de fé. Quando entregamos tudo a Deus e damos nosso melhor, as bênçãos nos alcançam.”

Cibelle Soares

Créditos: Carolina Carriel @carrielphoto.

Debora Santos

Sou Debora Santos, nasci em Catanduva/SP e moro na Europa há treze anos. Tenho ao meu lado um homem que me ama e cuida de mim, e juntos fundamos nossa família, com duas princesas e um lar abençoado.

Atuo na área terapêutica como psicanalista. Minha agenda para sessões de análise é bem limitada, por isso decidi transbordar por meio das mentorias, desafios que realizo pelo menos uma vez por ano, e de um grupo terapêutico. Através dessas realizações, consigo cumprir minha missão em trazer liberdade para muitas mulheres.

Sou uma mulher realizada, mas nem sempre foi assim. Antes de viver os meus sonhos, precisei perder tudo por inúmeras vezes e recomeçar do absoluto zero. Nesse processo, descobri o caminho para viver uma vida de identidade e liberdade. E é isso que ensino.

psidebysantos

+32 (479) 280-332

SUPERE *Seus* LIMITES

5 O DESPERTAR DA IDENTIDADE

Por Debora Santos

Por trás de uma vida de sucesso, existe uma história. Hoje eu vim compartilhar a minha, pois foi exatamente assim que o meu processo de cura começou: compartilhando. Essa já é a primeira lição: não guarde em seu coração o que lhe destrói.

Eu nasci em uma família grande em amor, da qual me orgulho de fazer parte. Tive a oportunidade incrível de ter uma mãe devota a Deus e extremamente linda de dentro para fora, e um pai trabalhador, caprichoso, lindo e discreto em seu jeito de amar. Nós íamos à igreja todos juntos em família: papai, mamãe e irmãos; éramos quatro.

Alguns conflitos aconteciam na época e pouco a pouco meus pais se afastaram, mas como bons pais cristãos, eles nos incentivavam a continuar indo à igreja. Em casa, minha mãe estava adoecendo por conta de um problema respiratório, mas ela nunca deixou de nos educar e nos contar histórias sobre a vida. Meu pai, sem escolhas, trabalhava muito.

Era 1999, quando eu fui convidada para um encontro, eu tinha 11 anos e o rapaz que me convidou deveria ter uns 25 anos. Geralmente, um encontro aos 11 anos é para ir tomar um sorvete, mas este encontro foi diferente. Criamos uma certa intimidade e ele foi ocupando o seu lugar em minha pequena vida. Aos 11 anos e meio, o abuso aconteceu. E eu? Eu achava que aquilo era amor. Quando perdi a virgindade, compartilhei com a minha mãe e ela me guiou, me aconselhou sobre os cuidados para não engravidar e, em seguida, ela contou ao meu pai, que tentou impedir de todas as maneiras o relacionamento. Mas, em minha inocência, eu realmente acreditava que deveria me casar com ele, afinal, ele já havia me tirado a virgindade e eu havia aprendido na igreja que quando perdemos a virgindade, o certo é se casar, que casamento é um só. Foram nove anos de relacionamento.

Eu acreditava que aquele era o meu destino. Ali eu aprendi o que é manipulação, aprendi a sorrir na dor e aceitar maus-tratos como parte de uma vida cotidiana normal. Eu me calei, me culpei e desisti de mim mesma. Sentia-me condenada a viver todos os tipos de abuso que você possa imaginar, e pior, eu acreditava fielmente que a minha missão era salvá-lo. Eu passava noites em claro implorando para que Deus o salvasse da pornografia, das drogas, da gula, da perversão, da escassez em todas as áreas, de toda lama onde, sem ter consciência, eu estava adoecendo.

Segunda lição: todo ato de desamor agride, no mais profundo, a autoestima. No dia 19 de setembro de 2009, minha mãe faleceu. Ela já estava doente há anos, com problemas respiratórios, depressão, ansiedade, angústia, cargas emocionais e mentais que foram a destruindo aos poucos. Ela nos deixou aos 42 anos. Eu tinha 19 anos e, no instante que recebi a notícia do falecimento da minha mãe, uma chave virou em minha mente.

A partir daquele dia, comecei a buscar maneiras de sair daquele relacionamento, pois meu pai precisava de mim, meus irmãos precisavam de mim, eu precisava estar presente para mim mesma. Mas a virada de chave não foi sobre isso. A chave que virou, caiu e deixou a porta aberta foi a seguinte: "Eu quero ser feliz, eu quero liberdade, eu quero viver".

Terceira lição: não ignore a sua intuição. Nada que se apresenta em sua mente é insignificante, para tudo existe uma razão de estar. Não negligencie sua consciência, desenvolva sensibilidade para ouvir suas vozes internas. Eu tinha a vida inteira pela frente, foram nove anos na lama, mas o que são nove anos perto de uma vida inteira? A minha história podia ser diferente. Eu não sabia como iria mudar a minha vida, mas eu tinha uma certeza: que daquele jeito eu não poderia viver mais, eu não cabia mais naquela gaiola disfarçada de vida.

Eu comecei a trabalhar aos 12 anos e até hoje já trabalhei em catorze empresas, em diferentes áreas. Nessa trajetória fiz amigos de verdade e encontrei em minha família portas abertas que me acolheram e cuidaram de mim com muito amor quando decidi me divorciar.

Dois anos se passaram depois que eu saí daquela casa imunda, decidida a nunca mais voltar, parti com a roupa do corpo e meus documentos; não havia bagagens, mas meus ombros estavam pesados de tantos traumas e dores. Eu me mudei de cidade, mudei de endereço quatro vezes e, finalmente, me deparei com a oportunidade que eu precisava para mudar definitivamente a minha rota.

Neste período, eu me senti perdida, senti a dor do luto, as dores dos traumas que gritavam em minha mente e atormentavam a minha alma. Por várias noites me embriaguei para dormir, fumava dois pacotes de cigarro por dia e saía muito, querendo descontar mundo à fora os meus sofrimentos. Eu havia perdido a minha mãe, me divorciado e percebi que também havia perdido meu tempo de inocência, minha essência e minha identidade.

Em 1º de fevereiro de 2011, cheguei à Bélgica, um pequenino e charmoso país da Europa. Meu tio, irmão da minha mãe, mora na Bélgica há muitos anos, e a minha irmã mais velha, vendo minha situação, teve a melhor ideia da vida dela, de compartilhar com meus tios da Bélgica o quanto seria bom se eu mudasse de país. A ideia foi tão do coração que ela também embarcou junto comigo e juntas viemos recomeçar nossas vidas.

Todas as mudanças após ter saído da casa dos meus pais foram de poucas malas ou absolutamente nenhuma, eu não tinha gosto de me apegar a nada material, não tinha uma roupa favorita ou uma bolsa preferida, eu só tinha a sede de mudar de vida.

Em maio de 2011, eu já estava envolvida em um novo relacionamento, me casei novamente; houve momentos em que parecia estar vivendo um sonho e, em outros momentos, em que eu me sentia acorrentada, na lama novamente. Eu me libertei do relacionamento abusivo, mas os traumas dele continuavam fazendo parte de mim. Foram seis anos casados, e eu me encontrava extremamente doente emocionalmente. Meu ex-marido me aconselhava a ir ao psiquiatra; ele tinha seu jeito de ser, era frio e seus olhares e respostas às vezes me pareciam cruéis demais para suportar, houve traições, desespero, noites que eu não queria voltar para casa.

Tudo estava aparentemente muito bem, tínhamos uma casa própria de dois andares, um carro do ano na garagem, trabalhos fixos, uma ou mais viagens por ano, eu estava esportiva e linda. Onde estava a falha? Por que tudo se repetia, mas em cenários diferentes? Por que eu não conseguia me livrar daquele buraco no peito? O gosto amargo da solidão era o mesmo e mais uma vez eu decidi largar tudo e recomeçar do absoluto zero. Mas, desta vez, eu precisava me levar a sério, eu precisava zerar meu coração, buscar cura emocional e alívio mental; eu precisava de conexão espiritual, entender minha existência.

Voltei a buscar conexão espiritual, Deus colocou em meu caminho pessoas que, como anjos, me trouxeram respostas, voltei a jejuar, orar e aprendi a meditar. Mais de dez anos haviam se passado depois a minha primeira leitura sobre psicologia e autoconhecimento e, apenas ali, dez anos depois, tudo começou a fazer sentido.

Fiz várias formações em busca de ser melhor e assim poder fazer melhor e enfim ter a vida sonhada, em liberdade e amor. A Programação neurolinguística (PNL) deu início aos meus primeiros passos em direção à aceitação e ao reconhecimento, a inteligência sistêmica me trouxe verdades escondidas, a psicologia positiva me trouxe esperanças e poder afirmativo, e a psicanálise vem me devolvendo a sanidade mental e a saúde emocional que eu preciso para nunca mais desistir de mim mesma e continuar fazendo a minha parte.

Neste processo de estudos, autoconhecimento e muita terapia, eu e o Frederic nos conhecemos, e ele tão imperfeito quanto eu, só queria ser feliz e aprender mais sobre o amor.

Faz apenas seis anos que estamos juntos, mas parece que já vivemos uma vida inteira lado a lado. Em seis anos, viajamos muito, tivemos duas princesas, nos mudamos três vezes de endereço e estamos nos mudando novamente, pela quarta vez em setembro de 2024. Passo a passo vamos aprendendo a lidar com os movimentos imprevisíveis da vida, apreciando as novidades e oportunidades que se apresentam. A nossa casa é onde Deus nos envia e o ar que respiramos é purificado pela vida santificada que vivemos.

A prosperidade faz parte dos nossos dias e cada manhã eu me sinto privilegiada por estar onde estou. Eu entendi o merecimento e todos os dias me proporcionam algo novo a apreciar.

Estou escrevendo agora e ouvindo a canção: “Quiet”, do grupo Elevation Rhythm. Sinto o significado de cada palavra e, sorrindo, agradeço, pois hoje eu conheço o valor imensurável da minha existência. A minha vida é pura essência e eu me sinto plena na leveza da minha identidade. Continuo com sede de mudança, pois sei que cada mudança me leva a uma reciclagem que traz transformações. E eu nasci para aprender, ensinar e evoluir.

Respeite o seu silêncio, permita-se ouvir, a voz da direção alcançará seus ouvidos e guiará a sua mente, para que você tenha passos firmes. Viva as experiências que você deseja viver, aprenda com os erros e não tenha receio de tentar novamente após um fracasso.

A sede de mudança lança fora todo apego, todo apego é insignificante, tudo o que você se apega um dia lhe deixará, pois a vida é movimento e absolutamente nada permanece no mesmo estado, no mesmo lugar, tendo a mesma importância ou significância, tudo se transforma e tudo evolui.

O amor não tem nada a ver com apego, sacrifícios infinitos, dores eternas ou desrespeito a si mesmo. Todo sacrifício é passageiro. Amar é aprender a ser livre de mãos dadas e voando, alimentar o poder um do outro, regar a unicidade e respeitar a solitude de cada ser amado. Desperte a sua identidade e viva relacionamentos recíprocos, descubra o amor em você.

Experiências desafiadoras lhe preparam para receber a maturidade e fluir com sabedoria. Desenvolva coragem, trabalhe a sua disciplina, se posicione de acordo com os seus princípios e valores. Imponha seus limites, se respeite e se ame sem julgamentos. Olhe-se no espelho e sinta satisfação e orgulho de si mesma. Faça terapia, terapia é para pessoas corajosas.

“

Frente ao espelho da alma, não existem saídas possíveis, a não ser aquela que lhe levará para o lugar certo, para dentro de si mesma.

”

Debora Santos

Edna Maria S. Ferreira

Sou Edna, mãe de Julia e Helena, capixaba com essência da roça, vim do interior de Minas Gerais aos 7 anos para aprender a viver e me relacionar na cidade. A infância com os pés no chão e sem energia elétrica me ajudou a valorizar coisas pequenas, a usar a minha energia e a me conhecer através do esporte.

Sempre ativa, eu me perdi com muitas responsabilidades. Líder nato desde cedo, foi um fardo pesado que me trouxe frustrações e ensinamentos para ressignificar essa essência de liderança. Usei o esporte como ferramenta de autoconhecimento, descobri muitas habilidades para influenciar.

Meu propósito é incentivar outras mulheres a assumirem a sua identidade para abrir novos horizontes por meio da mentoria EdnaMar: Movimento, ação e resultado.

ednamar.es

+55 (27) 99291-4979

ednamar.com.br

SUPERE *seus* LIMITES

6

A VIDA É UMA MARATONA: CONSTÂNCIA NA ADVERSIDADE

Por Edna Maria S. Ferreira

O sorriso significa autoconhecimento, autorresponsabilidade, coragem, determinação e liberdade para escolher e experimentar algo novo que exigia mais de mim, como: autocontrole, mente blindada e leveza de ser feliz comigo e com toda a minha essência! Antes, porém, eu fiquei emocionalmente abalada e com muita dor na alma diante de um problema em família, nos dias que antecederam a maratona. Deus se fez forte na minha franqueza e foi incrível! Superei limites de mente, corpo e o Espírito Santo esteve comigo!

Antes do pórtico de chegada tem um processo, o @foincrivel é uma estratégia de marketing que representa os três pilares da minha marca pessoal EdnaMar. MAR são as iniciais de Maria: mulher forte desde o início; marketing: entregar valor para outras mulheres; maratona: uma metáfora da vida, manter a constância na adversidade é mais importante do que imprimir velocidade em um tempo curto.

Aqui não quero falar de estratégia de marketing, e sim de uma história de ressignificação de crenças limitantes de uma vida.

Dia 27 de agosto de 2023 foi o dia incrível que marcou o meu recomeço. Celebrei 42 anos correndo 42 km na Ilha de Vitória, no estado do Espírito Santo. A corrida foi uma ferramenta de autoconhecimento. Eu não escolhi, contudo, a minha vida, que sempre foi difícil, aqui sim eu escolhi viver esse novo difícil (maratona), fazendo uma metáfora da nossa vida com o processo de decisão, motivação, tempo, paciência, planejamento, aprendizado, hora da verdade, autocontrole, comemoração e satisfação de um desafio realizado e história para contar.

Foi um momento de ressignificar o caos que eu estava vivendo (divórcio, perda do meu pai, dores da alma) para o infinito que Deus me permitir viver e inspirar você a superar também os seus limites. Eu quis inaugurar um tempo na minha vida. Todo motivo para evoluir precisa de uma ação, então vamos começar.

Motivação é o "motivo + ação". É querer e fazer! E querer muita gente quer muitas coisas, agora realizar é o grande desafio, porque tem processo, e o processo não é fácil. O processo é que separa o querer do fazer, fazer dá trabalho, envolve disposição, planejamento, ações imediatas, ações substitutivas, adequações, renúncias, críticas destrutivas (tem muita gente boa em jogar um balde de água fria: "Você vai ficar doente", "Para que isso?", "Falta do que fazer"), adversidades de clima, estresse, dor (parei por aqui...).

Por trás de cada passada

Como é difícil manter uma rotina de alimentação, treino e sono quando os dias são diferentes. Se você não dorme bem, não treina direito, se não come certo, se não bebe água, vai lhe faltar energia, dar fadiga. Tem um repertório importante por detrás da corrida. Roupa apertada atrapalha, a frouxa também, a viseira precisa estar ajustada, o sol pode arder, o vento exige mais força e postura certa, a subida exige uma passada diferente da descida, é necessário manter o ritmo. Agora, quando aparece um cachorro latindo "do nada", o batimento acelera mais do que tiro de 200 m. Toda a adversidade coopera para o treino do maratonista. Isso é bom porque o grande dia é a "hora da verdade", e em tudo precisamos adotar um pensamento positivo.

3 Ds da maratona: Disciplina, Dedicação, Diversão (ah, tem que ter!)

Por estudar muito o marketing, quero trazer os três Ds do desafio:

- **Disciplina:** ela é a chave para manter qualquer rotina, ninguém acorda às 4h ou 5h da manhã para fazer um longão de 34 km. Se não mantiver a disciplina daquilo que começou, tudo se perde. Sem disciplina você não realiza nada, porque tudo que você começa é diferente, cada etapa exige mais de você, e esse é o processo contínuo da vida, ou deveria ser: movimento, desenvolvimento e superação.

- **Dedicação:** a dedicação a um objetivo lhe faz abdicar de outros, não dá para "abraçar o mundo", agradar todo mundo ou fazer tudo que todos estão fazendo, afinal, você não é todo mundo. Apenas 1% da população faz uma maratona, então isso é a exceção. Todos vão sair, zoar, comer qualquer coisa, dormir a qualquer hora. Eu escolhi o que me impulsionava no meu desafio.
- **Diversão:** não é para ser um fardo, embora fosse assim que eu resumia os treinos. A expectativa do grande dia deveria ser o pensamento alinhado à alegria da linha de chegada, eu também pensei em me divertir sem saber se eu teria energia, perna ou entusiasmo. Eu consegui tudo isso porque trabalhei a minha mente nos treinos sozinha. Viu que tudo coopera?

3 Fs da maratona: Fé, Foco e Força

- **Fé:** é a certeza daquilo que você não vê. Treino é treino e maratona é maratona, é bem diferente. Treinar sozinha é ruim, mas deixa você concentrada, correr com mais gente é animado, mas você pode se desconcentrar, querer avançar, fazer além do que deveria naquele momento. Fé é acreditar e se ver concluindo algo que nunca fez sem saber como será exatamente.
- **Foco:** manter o pé firme naquilo que você começou. Não importando quantos virão comentar: "Você está maluca", "Vai ficar doente", "Para que isso?".
- **Força:** força de vontade, força na academia, força para levantar-se da cama, força para comer aquela quantidade certa de comida, força para rejeitar aquilo que está fora do plano, força para manter o plano.

Só pare quando terminar!

Eu já comecei muitas coisas e não terminei, isso me deixou frustrada muitas vezes. Seja o que for, treine o ato de planejar e terá menos frustração. Crie estímulo, impulso, incentivo, sem o ato de "querer" não há motivo que lhe impulsione a realizar algo significativo, memorável e incomparável.

Correr reaviva o corpo, a mente e o espírito. Esse *kit* é bem necessário para mantermos a saúde mental, além disso, nosso corpo precisa estar forte para avançar diante das adversidades da vida. Se você não passar por adversidade, você não cresce, não muda o seu repertório, não muda de estação, não sai do lugar, não avança. Então isso não é vida, é tédio! A jornada aqui significa vida ativa, saúde, vigor, disciplina, alegria, coragem e renovo, porque quando termina uma difícil, você está pronta para outra.

Estabilidade emocional, o sepulcro caiado não faz maratona não. Se as suas emoções estão bagunçadas, não combinam com mente blindada, por isso é importante saber o tempo bom para encarar esse desafio, porque não é brinquedo não! É incrível compartilhar isso com você.

A nossa vida é assim, se diante de qualquer adversidade paralisarmos, como treinar uma mente forte para não desistir? No fim das contas, tudo que passamos e vivemos faz sentido quando aprendemos e superamos.

Seja um eterno aprendiz, disruptivo, desbravador. Assim você sofre menos. Como o mundo está em constante movimento, se a gente parar, acostumar-se com o morno, a vida tende a ficar fria. Eu lhe convido a superar limites. Escolha um que seja importante para você e avance nele.

Quando você se desafia, automaticamente você ativa a mente para evoluir. Essa é uma atitude de progresso, e progresso nem sempre é avançar em linha reta, porque no caminho a gente, às vezes, se machuca e tem que desacelerar, parar, é como se tivéssemos que se sentar para aprender, mesmo com dificuldade, e depois continuar.

Tudo isso significa avançar, e bom mesmo é avançar com entusiasmo, com sorriso e cabeça erguida, e não arrastado. A corrida me ensinou tudo isso! Suas escolhas são obrigação, senão vira escravidão e você não é escravo ou não deveria ser.

Para toda escolha, tenha atitude positiva e de progresso, pois a vida é como uma maratona, e é bom ser vivida com alegria e autocontrole para ser incrível e promover o crescimento nas diferentes áreas da vida. Fazer algo que desafia você não tem a ver com talento, conquista ou posição, e sim com esforço, constância, aprendizado e superação. E depois, pode contar como foi incrível!

Antes dos aplausos, troféus, placas, você precisa de treinamento e isso demanda tempo, disciplina, erro, acerto, continuar e recomeçar. Aceite o seu processo, não se compare, não viva de atalhos, senão a vida lhe cobra e você vai voltar para a lição que você pulou!

Seja sincero com você! Não se camufle no meio da multidão. Você é único diante de Deus e das pessoas. Deixe a sua marca na vida das pessoas que estão a sua volta. Seja sua alegria, energia, seu abraço. Deixe o seu registro. Busque, entenda e alinhe a sua vida e o seu propósito!

Não fuja da dor nem dos problemas, esse processo resolvido lhe trará ensinamentos para um próximo nível. Na dor, você tem duas opções: ou você paralisa e chora ou você avança chorando. Nos cinco meses de treino, eu me vi rasgando o mato com meu próprio peito (trabalho, crianças, litígio, insegurança do que viria). Diante desse cenário, eu escolhi fazer algo novo para ressignificar, um novo ciclo na minha vida.

Foi incrível, a maratona foi infinitamente melhor do que eu previ, cheguei forte e leve com o sorriso grande e a passada larga. Quis fazer desse dia um evento com vídeo, fotos e torcida. No percurso pela Ilha de Vitória, me mantive focada para não me emocionar antes da hora. Não passei perrengue e consegui avançar depois do km 32, dizem que é o momento que separa os homens das crianças. No km 40, minha filha passou de carona e gritou por mim, foi um presente de Deus, aquilo ativou o meu cérebro e me deu celeridade. Eu queria chegar logo, já estava há quase quatro horas na chuva, na poça, no vendaval.

Cheguei com choro extasiado, ímpar, minhas pernas falharam num pico de emoção! Foi incrível, eu me elogiei no pensamento: que vigor, que energia, que saúde! Oh, glória! Foi um dia memorável e de extrema alegria. Treinei no sol e no dia caiu um dilúvio que aumentou o desafio e potencializou a garra e vontade de realizar um grande feito com entusiasmo.

Assim eu termino a história do meu recomeço e digo que antes de começar algo, seja responsável e sustente o que você decidiu começar a fazer, o caminho será sempre adverso e diverso, e parar no meio do caminho traz frustração e cada frustração entristece, você mesmo se desacredita.

Foi incrível compartilhar essa história de uma mulher real, frágil, limitada e forte assim como você!

Termino com 2 Timóteo 4:7: "Combati o bom combate, acabei a carreira, guardei a fé".[1]

1 BÍBLIA on-line. 2 Timóteo 4:7. Disponível em: https://www.bibliaonline.com.br/acf/2tm/4/7. Acesso em: 2 out. 2024.

“Seja qual for o seu alvo, lembre-se dos motivos que impulsionaram suas ações. Para toda realização, há um processo; dê um passo de cada vez.”

Edna Maria S. Ferreira

Esmeralda B. Paixão

Sou Esmeralda Brito da Silva Paixão, nasci em São Paulo/SP, resido em Teotônio Vilela/AL, mãe de Tony Neto e Serginho, que foi morar no céu em 30 de junho de 2019. Casada há 26 anos com Sergio.

Mentora e conferencista nas áreas emocional e espiritual, ajudo mulheres a encontrarem seu propósito.

Escritora, pedagoga, especialista em Gestão de Recursos Humanos e Gestão Escolar, atuo há 23 anos como gestora escolar na rede municipal de ensino de Teotônio Vilela/AL.

Passei por grandes desafios, mas a vida me conduziu a um ponto em que percebi a necessidade de uma mudança profunda e, por meio da fé e do autoconhecimento, fui alcançada e moldada, seguindo adiante e cumprindo a missão de contribuir com a vida de outras pessoas.

esmeralda.brt

+55 (82) 99158-4990

esmepaixao@hotmail.com

SUPERE *seus* LIMITES

7 METANOIA: RENOVAÇÃO, TRANSFORMAÇÃO E SUPERAÇÃO

Por Esmeralda B. Paixão

Não podemos voltar e mudar o começo, mas podemos começar onde estamos e mudar o final. (C. S. Lewis)[1]

Essa frase reflete a essência da transformação pessoal e espiritual: a capacidade de redirecionar nossa vida a partir do momento presente, independentemente do que ocorreu no passado. Eu tenho em mente que não sou o que falam ou falaram de mim, eu sou imagem e semelhança do Criador.

Que o seu coração seja envolvido e impactado por uma renovação mental, a verdadeira metanoia citada no livro sagrado. Por vezes, as expectativas são de buscar ferramentas experimentais nas ciências, mas eu garanto, por experiência própria, que a ferramenta mais poderosa de trabalhar a mente, não descartando as demais, é o exercício da fé.

Romanos 12:2 diz: "E não sede conformados com este mundo, mas sede transformados pela renovação do vosso entendimento, para que experimenteis qual seja a boa, agradável e perfeita vontade de Deus".[2] Não modelar o padrão do mundo e ter uma mente renovada em Cristo é o caminho. Portanto, treinar a mente da maneira certa, seguindo os princípios sagrados, é o passo mais importante para ter prosperidade em todas as áreas da vida.

1 REDDIT. [image] "You can't go back and change the beginning but you can start where you are & change the ending", C. S. Lewis. Disponível em: https://www.reddit.com/r/GetMotivated/comments/g1qfl5/image_you_cant_go_back_and_change_the_beginning/?show=original&rdt=55033. Acesso em: 30 set. 2024.

2 BÍBLIA. Almeida Corrigida Fiel. Disponível em: https://www.bibliaonline.com.br/acf. Acesso em: 30 set. 2024.

A vida é marcada por ciclos, momentos de **renovação**, **transformação** e **superação**. Em muitas tradições espirituais e filosóficas, esses processos são fundamentais para o crescimento do indivíduo. O conceito de **metanoia** se destaca nesse contexto como um ponto de virada profundo, um convite à mudança radical de mente, coração e espírito. Esse termo, que se origina do grego, significa literalmente **"mudança de mente"**, mas sua implicação vai muito além, refletindo uma renovação integral do ser.

A **renovação** é o primeiro passo no processo de metanoia. É como uma semente que desperta do solo, buscando a luz. Este é o momento em que a alma, cansada e sobrecarregada pelas lutas e desafios da vida, encontra um novo vigor. O renovo representa a esperança que surge no meio do desespero, a certeza de que, por mais sombrios que sejam os tempos, sempre há a possibilidade de recomeçar. Com a renovação, você terá forças. Isaías 40:31 fala que, em Cristo, suas forças serão renovadas e como águias correrão, e não se cansarão. Para tanto, você terá que tomar uma decisão de passar pelo novo nascimento em Jesus Cristo.[3] Esse novo nascimento é a renovação interior pelo Espírito Santo, que muda completamente o coração e a mente.

Após o renovo, vem a **transformação**, a etapa mais desafiadora e, ao mesmo tempo, a mais recompensadora do processo de metanoia. Transformar-se não é apenas mudar superficialmente, mas sim uma reconfiguração profunda da essência, das crenças, dos valores e das atitudes. Na transformação, o indivíduo passa por um processo de purificação. É como se as impurezas do passado fossem queimadas no fogo da introspecção e da reflexão, deixando apenas o que é puro e essencial. Este é um caminho que, muitas vezes, envolve dor, mas também é o caminho da libertação. Libertar-se das amarras do passado, das crenças limitantes e das feridas emocionais permite que o indivíduo se aproxime cada vez mais de sua verdadeira essência.

A **superação** é o ápice do processo de metanoia, em que o indivíduo, agora renovado e transformado, encontra a força para superar os obstáculos que antes pareciam intransponíveis. Superação não é apenas vencer desafios externos, mas também dominar os conflitos internos. É aprender a navegar pelas tempestades da vida com coragem e sabedoria, sabendo que cada adversidade é uma oportunidade para crescer e se fortalecer. É a manifestação plena do poder pessoal, da resiliência e da fé.

3 BÍBLIA on-line. Almeida Revista e Corrigida. Disponível em: http://bible.com. Acesso em: 30 set. 2024.

Eu fui ao longo da vida moldada por desafios, dores e superações. Durante muito tempo, carreguei o peso de antigos padrões de pensamento, crenças limitantes e medos que me impediam de alcançar uma vida melhor. A vida, em sua sabedoria silenciosa, me conduziu a um ponto em que percebi a necessidade de uma mudança profunda – uma verdadeira metanoia.

Minha transformação passou por vários processos, mas, quero contar o mais marcante, que é um testemunho. Eu sempre fui meio cética em algumas questões religiosas, até o dia em que o Senhor me impactou sobrenaturalmente, para me lembrar de seu eterno poder, misericórdia e bondade.

Em 30 de junho de 2019, eu vivi o pior dia da minha vida, uma dor insuportável. Lamentavelmente, perdi o meu filho de 17 anos, um menino cheio de luz, e a partir daí tudo mudou em mim, nasceu uma nova mulher que precisava suportar a dor da separação do amor da sua vida. Em meio a esse turbilhão de pensamentos, fui impactada por uma presença sobrenatural.

Um dos pastores amigo da nossa família nos convidou para um momento de oração junto com outros amigos, e neste dia a presença sobrenatural de Deus invadiu o lugar e eu fui alcançada por esta presença com um toque de cura. Recebi uma palavra profética de um dos presentes, dizendo que eu estava recebendo a cura dos meus rins. Naquele momento, eu senti o meu corpo sendo anestesiado e fiquei por uns minutos paralisada, porém a mente estava lúcida. Na hora eu senti medo do que estava acontecendo e só depois eu entendi o impacto desse encontro pessoal com o maior cirurgião. Não tem como ficar natural com uma presença sobrenatural.

Entendi que essa força divina veio para me lembrar de que eu não estava sozinha naquela tempestade, e até hoje quando quero duvidar da minha humanidade, o Espírito Santo me lembra desse encontro com Ele, que foi inesquecível, Ele é real. Eu tenho convicção de que esse encontro começou desde o meu novo nascimento em Cristo, quando fui imersa nas águas batismais aos 14 anos, na igreja em que até hoje faço parte, Igreja Evangélica Assembleia de Deus Teotônio Vilela (IEADTV). Mas, por mais que tenha vivido 37 anos de caminhada cristã, não tinha aberto o coração para viver a verdadeira transformação do meu ser.

Confesso que nunca vivi algo tão forte com o Senhor como vivo hoje, desde o dia desse encontro. Entendi que Deus não permitiu essa tragédia para que eu me aproximasse dEle, mas abriu os meus olhos espirituais em meio a essa lamentável situação, para me conectar a Ele. Ele me tocou para impactar, fortalecer e transformar a minha mente e de muitas pessoas e eu digo: eis-me aqui, Senhor!

Desse dia em diante, cada momento de silêncio com Deus, em dores e lágrimas, se tornou uma oportunidade de entregar minhas ansiedades, dúvidas e fraquezas, permitindo que Ele transformasse meu coração e me capacitasse para viver esse novo tempo. Sozinha, a minha vida não tinha sentido.

As Escrituras se revelaram como um guia vivo, onde encontrei promessas, ensinamentos e conselhos que começaram a reconfigurar meu entendimento do mundo. Paralelamente, iniciei uma jornada de autoconhecimento, confrontando meus medos, minhas falhas e meus anseios mais profundos. Entendi que a metanoia não é apenas uma transformação espiritual, mas também um processo de cura e desenvolvimento pessoal. Ao me conhecer melhor, fui capaz de identificar as áreas que precisavam de mudança e permitir que Deus trabalhasse em mim, moldando meu caráter e minha visão de mundo.

Hoje, posso dizer que sou fruto dessa metanoia – uma mulher que, pela graça de Deus, continua sendo alcançada por Ele. Quando parei para ouvir o Senhor por meio da oração e leitura do livro sagrado, fui direcionada para levar ensino para outras mulheres e mães que passam pelo mesmo processo que passei, para que pudéssemos juntas nos fortalecermos.

Cada oração, cada versículo meditado, cada momento de reflexão me levou a uma nova vida, em que a fé, a esperança e o amor são os pilares que sustentam minha caminhada. A metanoia não foi apenas uma mudança temporária, mas uma reorientação completa da minha existência, um contínuo processo de renovação que me aproxima, a cada dia, do propósito que Deus tem para mim.

E você, deseja também essa renovação e transformação de mente? Talvez você se encontre neste exato momento assim como eu estava, com um vazio profundo na sua alma, mas eu lhe garanto que, por meio do exercício diário da sua fé em Deus, a sua mente poderá ser renovada e revitalizada para você viver uma nova história de força e glória.

Não tem como viver uma nova história com uma mentalidade forte e positiva se continuar vivendo as mesmas coisas, lamentando, reclamando, culpando. É necessário, com a força divina, levantar-se e caminhar adiante, não precisa ser tudo de uma vez, vá aos poucos, mas aja e reaja. Lembre-se de que Deus tem um propósito para todas as coisas debaixo dos céus, e nenhuma delas foge de seu controle.

Segue alguns passos que me levou e me leva ainda hoje a renovar a mente em Cristo.

1. Reconhecer a sua necessidade espiritual.
2. Entrega e rendição.
3. Praticar oração e meditação.
4. Estudar as Escrituras.
5. Cultivar diariamente sua fé.
6. Desapegar-se do mundo material.
7. Praticar amor e compaixão.
8. Buscar e praticar perdão e cura interior.
9. Viver princípios.
10. Praticar a gratidão.

Os passos citados acima, quando praticados com verdade e coragem, conduzem a uma profunda transformação de mentalidade, resultando em um crescimento extraordinário, afetando todas as áreas da vida.

No tocante a isso, não tem como passar por este processo de renovo, transformação e superação e não adquirir: clareza de propósito, resiliência ampliada, mudança de relacionamentos tóxicos para relacionamentos saudáveis; aumento da paz interior; maior empatia e compaixão; autenticidade; fortalecimento espiritual; autoaceitação e amor-próprio e impacto positivo no ambiente.

Em resumo, é hora de você se esforçar ao máximo para viver uma vida plena em Deus, passando por uma mente transformada, utilizando todos os recursos possíveis para desenvolvê-la. Eu oro para que neste momento você seja alcançada com esta graça e viva a partir de hoje uma jornada de alinhamento para ter uma vida mais plena, significativa e alinhada com valores eternos.

“Treinar a mente seguindo os princípios sagrados é o passo mais importante para ter prosperidade em todas as áreas da vida.”

Esmeralda B. Paixão

Ester M. Albuquerque

Sou Ester Meneses Albuquerque, psicóloga clínica (CRP 06/121675), psicanalista, palestrante em saúde mental, facilitadora de grupos e mentora de mulheres.

Sou de São Paulo/SP, onde resido com a minha família. O meu trabalho individual é exclusivamente com mulheres, que é um público que eu amo atender, fortalecer e empoderar. E tenho a honra de ser embaixadora de uma rede de mulheres empreendedoras.

Também sou CEO e fundadora da Clínica MentalVive, onde atendemos pacientes por todo o mundo, Brasil e exterior, de forma on-line. Na MentalVive também lidero uma equipe de psicólogos e palestrantes.

Minha missão é levar cada vez mais saúde mental para todos.

psicologa_ester

clinicamentalvive

+55 (11) 97737-9528

+55 (11) 97704-0070

Ester Meneses

SUPERE *seus* LIMITES

8 SEU BARCO À VELA: O PODER DO AMOR-PRÓPRIO

Por Ester M. Albuquerque

Ao longo desses meus anos de trabalho profissional e acompanhamento psicológico do público feminino, fui percebendo algumas características em comum entre as mulheres, que sempre apareciam e estavam presentes no adoecimento emocional e mental, independentemente da idade que apresentavam.

Quero compartilhar essa percepção com você e pode ser até que você se identifique: as mulheres geralmente são muito rígidas com elas mesmas, se cobram demais, se criticam demais, se culpam demais e tendem a achar que não são boas o suficiente nos papéis que exercem (de serem boas mães, esposas, filhas, estudantes, profissionais etc.), frequentemente se sentindo inseguras e duvidando de sua própria capacidade.

Quantas pacientes já atendi com esse mesmo discurso de insegurança e que atrelados a eles apresentam até mesmo sintomas de ansiedade, depressão, dependência emocional, vivem relacionamentos disfuncionais ou até mesmo relacionamentos violentos e abusivos.

Se você se identificou com alguma dessas características que citei acima, eu entendo e não julgo você, porque eu também já fui assim, sabia? Uma menina insegura, sem ter tido muito incentivo do ambiente para formar a própria identidade, personalidade e autonomia, com dependência emocional e necessidade de aprovação da família, das amigas, dos relacionamentos; cresci uma mulher fragilizada e muito machucada com a expectativa fantasiosa de uma felicidade romântica que nunca chegava, diante de tanta insegurança, frustrações e decepções que a vida trouxe. Eu me sentia perdida de mim e do mundo, por muitas vezes.

Ao tomar alguma atitude, verbalizava frequentemente que tinha certeza do que queria, que era escolha minha, mas, mal sabia que quem falava mais alto nas minhas escolhas era ela: a insegurança.

Hoje, eu sou uma profissional de saúde mental e quem me vê tão segura de si, trabalhando no meu próprio negócio, orientando mulheres, acolhendo vidas, não imagina o quanto eu precisei de um enfrentamento para sair das características que mencionei.

Eu não sei quem é você que está lendo o meu capítulo agora, qual é a sua história, as pessoas que lhe feriram e ferem ainda hoje, suas decepções na vida, tristezas, as cicatrizes mais profundas que ainda doem e precisam de cura. Mas sei que você, provavelmente, já passou por muitos desafios até aqui, assim como eu, e se está lendo esse livro, é porque gostaria de se fortalecer ainda mais, se reencontrar, se reerguer, superar seus limites e transformar sua vida.

Então, quero lhe contar o que foi que me resgatou para um caminho melhor até os dias de hoje.

Imagine a cena de que você está nadando em alto-mar à noite, sozinha, perdida, com frio, no meio de uma tempestade terrível, ondas altas, mar bravo, com raios e trovões. O único sentimento que você tem nesse momento é de desespero, medo e de quase morte. Quando você já não aguenta mais, está cansada de nadar, de sofrer nessa situação e até mesmo pensa em desistir, você vê alguma coisa se aproximando. Imediatamente, você reúne forças de onde nem tem mais para nadar até lá e ver o que é. Para sua surpresa, é um barquinho à vela. Estreito, tão pequeno, mas tão pequeno que mal cabe você lá dentro. Você precisa se esforçar muito para entrar, mas com muita determinação você consegue e, a partir dali, começa a navegar.

A tempestade ainda não cessou, então, o barquinho, por não ter motor e ser a vela, começa a levar você de um lado para o outro desgovernadamente, porém, embora você ainda apresente medo, agora você está a salvo e com vida. Até que, após algum tempo navegando, você consegue se acomodar melhor naquele espaço que antes era mais desconfortável e apertado, a tempestade cessa, os ventos diminuem, o barquinho chega tranquilamente em solo e você respira aliviada pela situação temerosa que acabara de enfrentar. Sente até um ímpeto de correr e pular naquele solo em segurança, se percebe ansiosa para agradecer e contar às pessoas sobre a experiência de vitória que passou.

Pois bem! Sabe o que é esse barquinho que lhe resgatou no momento da tempestade? O amor-próprio. Que embora você enxergue tão frágil e pequeno em um primeiro momento, muitas vezes é o que lhe traz à vida, a salvo. Que é tão estreito e desconfortável ao entrar, exige esforço, determinação, coragem, renúncias, imposição de limites, mas que depois de algum tempo de prática, você se acomoda melhor, se enxerga melhor naquele ambiente.

Foi através da dor da tempestade que o meu amor-próprio nasceu. Que outra escolha eu teria? Ou eu me entregava para o murmúrio, tristeza, insegurança, baixa autoestima, ou eu buscava viver emocionalmente mais saudável e mais confiante em mim mesma. Que outra escolha você tem quando não vê mais saída e acha que tudo vai se acabar? Quem é você quando tudo dá errado? Como você reage? Você se entrega para dor da tempestade? Não luta pela vida e pela procura da sua felicidade?

Antes mesmo que possamos prosseguir discorrendo por essa solução transformadora na vida das mulheres, eu gostaria de esclarecer que muitas pessoas acreditam que o amor-próprio se trata de investir na beleza, na estética, em roupas e no autocuidado. Mas ter amor-próprio vai para além disso, é uma postura que precisa vir de dentro para fora, do nosso interior para o exterior.

Amor-próprio é sobre ter consciência da importância da sua vida, da pessoa que você é, independente das suas características físicas ou comportamentais, do merecimento de se ter felicidade e buscá-la, a ponto de você não deixar outras pessoas lhe desrespeitarem, a ponto de você conseguir impor limites para se proteger, dizer alguns "nãos" para situações que podem lhe prejudicar, não ceder a manipulações enganosas que vão lhe levar a decepções.

Ter amor-próprio é reconhecer que você deve receber muito da vida, não pouco, ou migalhas, como você já foi acostumada. É você investir em você mesma, na sua vida pessoal, relacional, espiritual, profissional, acreditar nas suas capacidades de conquistas, reconhecer seus dons e talentos, ter clareza que seus erros não lhe definem, mas lapidam sua capacidade de aprender, se reinventar e recomeçar.

Ter amor-próprio é você ser mais gentil com você mesma, se acolher ao invés de praticar a rigidez, não se culpar por aquilo que você não pode controlar, não se cobrar demais, nem se criticar demais por ser do jeito que é. Não duvidar de que você é, sim, uma boa mulher, uma boa mãe, uma boa filha, uma boa profissional e qualquer outro papel que você deseja ser e se desenvolver.

Ter amor-próprio é escolher olhar para você, questionar o que você quer, o que você gosta, o que é melhor e faz mais sentido para sua vida, ao invés de ficar refém de agradar outras pessoas em busca de reconhecimento.

Assim como um barco à vela precisa ajustar suas velas para aproveitar o vento, o amor-próprio exige que nós ajustemos nossa percepção de nós mesmos para continuar. Nem sempre podemos controlar o vento (circunstâncias da vida), mas podemos ajustar as velas (nossas atitudes, escolhas, reações) para navegar em direção do nosso bem-estar e satisfação pessoal.

O casco do barco representa a base do amor-próprio, mesmo que aparentemente pareça frágil, acredite que ele é forte para sustentar sua viagem. Assim como o barco precisa de uma estrutura sólida para enfrentar as ondas do mar, precisamos de uma base sólida de autoconhecimento e amor-próprio para navegar pelas marés da vida. Sem essa estrutura, ficamos à mercê das tempestades, perdendo o rumo e a direção. Preste atenção no casco do seu barco. Como ele está?

É claro que assim como mencionei, uma das bases fundamentais para essa solidez é o autoconhecimento, pois você vai precisar enfrentar as suas sombras, crenças, traumas, padrões familiares, feridas emocionais que estão escondidas em você desde criança, ou devido a experiências vividas até aqui. Mas não tenha medo, acredite, há uma saída! Há uma solução! Há um barquinho à vela pronto pra lhe encontrar, lhe resgatar e lançar você em solos seguros.

Uma mulher que tem o seu amor-próprio sendo investido, lapidado e preservado é uma mulher de sucesso, pois ela sabe que pode conquistar o que quiser através da sua determinação e da confiança que tem em si mesma. Mas, principalmente, quando uma mulher cultiva o seu amor-próprio, ela tira o peso de ser o que os outros esperam que ela seja, de agradar, de atender as "expectativas" das outras pessoas, que coloco entre aspas, porque muitas vezes nem são reais, mas aprisionam.

Um coração alegre, uma mente sadia e uma alma leve trazem beleza ao semblante de qualquer mulher, independente de questões estéticas. Entende a importância de uma mulher se permitir navegar com o amor-próprio, em meio às grandes tempestades? Você pode ser a líder do seu barco, da sua vida, da sua história, mas principalmente eu desejo que você seja a líder das suas conquistas, que você tenha esse prazer de se ver sair das tempestades vitoriosa!

Eu sei que você já deve ter tentado milhares de vezes percorrer por caminhos de solução e, muitas vezes, até sozinha, mas falhou ou não deu conta. Contudo, saiba que você não precisa caminhar sozinha. Caminhe com outras mulheres, esteja próxima de pessoas que lhe levantam, incentivam e lhe encorajam.

Em minha jornada até aqui, eu pude contar com muitas outras pessoas também, principalmente profissionais de saúde mental, psicoterapeutas, professoras, líderes e mentoras, que, através do autoconhecimento, me aperfeiçoaram como pessoa e como profissional para que hoje eu também possa exercer um papel fundamental de fortalecimento na vida de outras mulheres.

Agora é com você! Vamos ter coragem de lapidar esse diamante bruto e navegar no barco do amor-próprio e do autoconhecimento? Coragem, determinação, otimismo e confiança é o que desejo para você continuar enfrentando grandes ondas. E, se precisar, não caminhe sozinha, conte comigo! Sinta o meu abraço!

“Quando uma mulher cultiva o seu amor-próprio, ela tira o peso de ser o que os outros esperam que ela seja.”

Ester M. Albuquerque

Gabriela Piazza

Meu nome é Gabriela Piazza, conhecida como a Doc. de bumbum pelas deusas que me seguem no Instagram. Tenho 24 anos, sou natural de Mangueirinha/PR e atualmente resido em Pato Branco/PR. É com imensa alegria que compartilho a minha história no livro *Supere seus limites*.

Como empresária e mentora especialista na área de Harmonização de Glúteos, minha trajetória profissional foi construída com muito esforço e dedicação. Sempre tive facilidade em me conectar com as pessoas e isso me abriu portas.

Neste livro, compartilho não apenas minha experiência, mas também a visão de que todas nós temos o poder de inspirar e transformar.

dra.gabipiazza

+55 (46) 99111-3031

gabrielapiazza3@outlook.com

SUPERE *seus* LIMITES

@DRA.GABIPIAZZA

9 SEU PODER ESTÁ EM CADA ESCOLHA QUE VOCÊ FAZ

Por Gabriela Piazza

De uma pequena cidade no Paraná para o cenário de mentora e empreendedora de sucesso. Meu nome é Gabriela Piazza, tenho 24 anos e minha história começa em Mangueirinha, no Paraná. Sou filha de Luiz Carlos Piazza e Geneci Maria Tissiani e moro atualmente em Pato Branco/PR.

Antes de começar a atuar na área que hoje me realiza profissionalmente, passei por um longo processo de preparação e autodescoberta. Decidir qual faculdade cursar foi um desafio significativo, demorei um tempo considerável para escolher um caminho que realmente refletisse minhas paixões e objetivos de vida. Esse processo foi marcado por dúvidas e pesquisas, mas também por uma profunda reflexão sobre o futuro que eu queria construir.

Durante quatorze anos morei em Lucas do Rio Verde/MT e, ao retornar a Pato Branco, no Paraná, comecei uma nova fase da minha vida. Dediquei cinco anos à faculdade, seguidos por quase dois de pós-graduação e diversos cursos de especialização. Essa jornada acadêmica foi fundamental para me proporcionar uma base sólida e conhecimento profundo na minha área. Cada etapa foi uma peça crucial do quebra-cabeça que me permitiu hoje falar com propriedade sobre minha carreira e oferecer atendimentos com a expertise que conquistei ao longo dos anos.

Mas a verdadeira essência da minha história não se resume apenas a conquistas acadêmicas e profissionais. Ela está nas noites sem sono, nos desafios pessoais e nas lágrimas de frustração que derramei ao longo do caminho. Lembro-me de momentos em que parecia que os obstáculos eram intransponíveis, os sonhos estavam distantes. No entanto, foram nesses momentos de dificuldade que encontrei a força interior para seguir em frente. A paixão por alcançar meus objetivos e a crença inabalável em meu potencial me impulsionaram a nunca desistir. Hoje, olho para trás com o coração cheio de gratidão, sabendo que cada dificuldade enfrentada foi um passo essencial para a realização dos meus sonhos.

Desde muito cedo a vida me ensinou que o caminho para o sucesso é pavimentado com determinação, coragem e muita fé. Quando eu olhava para as pessoas bem-sucedidas ao meu redor, me perguntava: por que não eu? Essa pergunta me acompanhou durante toda a jornada e me impulsionou a buscar mais.

Nunca fui uma pessoa que se contentava com pouco, a situação em que vivia me deixava inconformada, eu sabia que merecia mais e tinha o potencial de transformar a minha vida. Trabalhei incansavelmente, cumprindo uma jornada de 8 horas diárias para o crescimento de outras pessoas e me sentia insatisfeita com a situação em que vivia, e foi com essa insatisfação que me motivei a buscar novas oportunidades e lutar pelos meus sonhos.

Minha capacidade de me conectar genuinamente com as pessoas, estabelecendo novas conexões, foi fundamental para abrir portas e criar novas possibilidades. Com espírito resiliente e uma visão clara dos meus objetivos, estudei e evoluí muito para me tornar uma mentora e empreendedora de destaque. Minha trajetória não foi fácil, mas cada desafio me fortaleceu e me preparou para o sucesso.

Em novembro de 2023, uma palavra de Deus se tornou um ponto de virada de chave crucial na minha vida. Em meio a um cenário em que eu me sentia estagnada e sem recursos para investir em minha formação, Deus me prometeu que a mudança viria mais rapidamente do que eu imaginava. Esse momento de fé e revelação me deu uma nova perspectiva e uma confiança renovada em meu caminho. Com essa nova perspectiva, comecei a perceber sinais de mudança ao meu redor. O que parecia um caminho difícil e cheio de obstáculos começou a se abrir de forma inesperada. Acreditei firmemente na promessa divina e, com fé e persistência, comecei a agir de acordo com essa nova visão.

Em maio de 2024, a realização dessa promessa se concretizou de uma maneira surpreendente. Encontrei-me em São Paulo participando de um dos cursos de harmonização de glúteo mais renomados do Brasil. Esse curso, que antes parecia um sonho distante e inatingível, tornou-se uma realidade graças à intervenção divina e ao meu novo compromisso em buscar as melhores oportunidades. Esse período foi um testemunho vivido de como a fé e a persistência podem abrir portas e acelerar a realização de sonhos, transformando desafios em conquistas extraordinárias.

Foi um momento de grande emoção e realização pessoal. Ver meu sonho se concretizar diante dos meus olhos foi um lembrete poderoso de que, quando acreditamos e seguimos com determinação, os limites do que podemos alcançar são muito mais amplos do que imaginamos. O curso em São Paulo não foi apenas uma oportunidade de aprendizado, mas um marco que simbolizou a realização de uma promessa, a validação de todo o esforço e fé que coloquei em minha jornada e uma grande oportunidade para *networking* em alto nível.

A sensação de estar entre os melhores profissionais da área e adquirir conhecimento avançado foi um reconhecimento do trabalho árduo e da perseverança que coloquei em minha trajetória. Essa experiência não apenas ampliou minhas habilidades, mas também me motivou ainda mais a continuar ajudando outras pessoas a alcançarem seus próprios sonhos e objetivos. A transformação que vivi me inspirou a trabalhar com ainda mais dedicação e paixão, sabendo que as maiores conquistas muitas vezes surgem das maiores adversidades.

Em abril de 2024, novamente em São Paulo, estive no centro das atividades como monitora, trabalhando ao lado de um dos principais profissionais da área. Foi um momento de grande orgulho e realização, em que pude contribuir diretamente para a formação de novas profissionais e aperfeiçoar minhas próprias habilidades. Esse papel de monitoria não só ampliou minha rede de contatos, mas também me permitiu consolidar minha posição no campo da harmonização de glúteo. Esse período foi uma confirmação do potencial que Deus havia me prometido e uma prova de que, quando seguimos com fé e determinação, as oportunidades se manifestam de maneiras surpreendentes e gratificantes.

A conquista foi ainda mais significativa porque, durante minha participação como aluna, eu havia me destacado notoriamente nas técnicas ensinadas. Esse reconhecimento veio como um grande presente e uma validação do meu esforço e dedicação. Ser escolhida para monitorar o curso foi um marco na minha carreira, pois representava não apenas um avanço profissional, mas também uma oportunidade de compartilhar e aplicar o conhecimento adquirido de uma forma mais profunda e impactante.

Minha trajetória exemplifica como a perseverança e o compromisso com a excelência são fundamentais para alcançar objetivos e superar desafios. Cada etapa do meu caminho, marcada por esforço e determinação, reforça a convicção de que, com planejamento estratégico e dedicação, é possível transformar metas em realizações concretas. A experiência acumulada e os sucessos obtidos não apenas validam a importância de manter o foco e a resiliência, mas também demonstram que as maiores conquistas surgem da combinação de talento, trabalho árduo e uma visão clara.

Gostaria de expressar minha profunda gratidão a algumas pessoas que foram pilares fundamentais ao longo desta jornada. Meu namorado, Vinícius Schutt, que me deu um apoio inabalável, oferecendo não apenas encorajamento constante, mas também uma presença estabilizadora que me ajudou a enfrentar os desafios com coragem e otimismo. Sua fé em mim e suas palavras de motivação foram cruciais para que eu pudesse seguir em frente, mesmo nos momentos mais difíceis. Além disso, sou eternamente grata aos meus pais, Luiz Carlos Piazza e Geneci Tissiani, cuja dedicação e amor incondicional foram essenciais para que eu pudesse superar obstáculos e realizar meus sonhos. O apoio deles, tanto emocional quanto prático, me proporcionou uma base sólida e segura para construir minha trajetória profissional.

E não poderia deixar de agradecer à minha mentora Larissa Venâncio, que desenvolveu seu papel com muita expertise, cujo apoio e orientação foram essenciais no início dessa jornada. O impacto positivo que Lari teve em minha trajetória é inestimável e sou verdadeiramente grata pela oportunidade que tive de aprender com ela.

Com essa rede de apoio tão robusta e valiosa, encaro o futuro com grande expectativa e entusiasmo. Estou comprometida com o desenvolvimento pessoal contínuo, sempre buscando maneiras de aprimorar minhas habilidades e expandir meus conhecimentos. Cada nova experiência e novo aprendizado são passos importantes para meu crescimento e para a realização de minhas metas profissionais e pessoais. Pretendo explorar novas oportunidades, inovar em minha área e, acima de tudo, inspirar e capacitar outras pessoas a alcançarem seus próprios objetivos. O futuro promete ser um período de realizações ainda maiores e estou determinada a aproveitar cada oportunidade para fazer uma diferença positiva e duradoura, sempre com um olhar voltado para o desenvolvimento pessoal e profissional constante.

Encerramos este relato com a certeza de que, ao investir na própria evolução e buscar continuamente a excelência, cada um pode alcançar resultados notáveis e impactantes. Não foi fácil, mas cada desafio me fortaleceu e me preparou para o sucesso. Através do meu trabalho como mentora, especialista em harmonização de glúteos e posicionamento estratégico, busco inspirar e orientar novas empreendedoras compartilhando minha experiência e ajudando os outros a alcançar os seus próprios objetivos.

E você, está satisfeito com a sua atual realidade? Lembre-se: você é o protagonista da sua própria história. É hora de assumir o controle do seu destino, invista em seu crescimento e transforme seus sonhos em realidade.

“

A jornada para o sucesso começa quando você decide ser o protagonista da sua própria história.

”

Gabriela Piazza

Gisele Matulovic

Sou Gisele Matulovic, nasci em Bandeirantes/PR e resido em Piracicaba/SP com meus três maiores amores: minhas gêmeas Beatriz e Mariah e meu garotinho Matheus.

Sou sócia-proprietária de um ecossistema imobiliário composto da UP Imobiliária, Betel Correspondente Caixa Aqui e Matulovic Construtora. Corretora de imóveis, perita judicial, mentora, palestrante, pedagoga e já fui bancária. Participei da realização do sonho de mais de duas mil pessoas, construí mais de mil novos lares e sigo vivendo o meu propósito.

Hoje, olho no espelho e vejo minhas marcas eternizadas de superações e um coração emocionado ao tocar a alma de pessoas como você, inspirando 1% a mais de vida, de amor e de fé.

giselematulovic

+55 (19) 97157- 6222

Gisele Matulovic

Gisele Matulovic

giselematulovic@gmail.com

SUPERE *seus* LIMITES

10 DESISTIR NUNCA FOI NEM SERÁ UMA OPÇÃO

Por Gisele Matulovic

Desejo ardente

Em 1994, sempre antes de dormir, eu tinha o costume de fechar os olhos e imaginar como seria a minha vida adulta, era um desejo ardente de poder viver tudo aquilo que uma adolescente de cidade pequena do interior pudesse sonhar, uma vida de sucesso na cidade grande, um grande amor, filhas gêmeas, uma casa com escadas, ser uma mulher elegante, e a imaginação não tinha limites. O que aquela menina não sabia era que tudo aquilo se tornaria real.

Em 2011, assistindo a um documentário no YouTube chamado *O segredo*, me veio as lembranças de 1994 e foi ali que entendi, mesmo vivendo a pior fase financeira de toda a minha vida, eu tinha conquistado tudo aquilo que eu sonhava acordada, quando tinha 12 anos. Ter essa clareza que, sim, tudo que eu desejei eu conquistei, me fez abrir os olhos para novos sonhos, novos objetivos, e entender que aquele momento de depender de cesta básica dos outros para alimentar a minha família era passageiro e que eu não podia desistir, era necessário suportar o processo.

Crise x topo

Olhar para suas filhas gêmeas tão desejadas e não ter dinheiro para comprar um chocolate Sonho de Valsa quando elas me pediam era como enfiar uma faca e rasgar o peito: "Mamãe promete que assim que receber, a mamãe compra!", eu respondia com os olhos cheios de lágrimas, mas ouso dizer que foi necessário passar por tudo isso. Em 2013, tudo mudou. De repente me vi numa situação de poder comprar o que quisesse (não um jatinho ou um iate, mas coisas comuns, como uma roupa ou um bom prato num restaurante), na hora que quisesse. Após muito trabalho, nós voltamos a colher os frutos plantados por muito tempo, e nossa família foi sendo construída com valores sólidos e uma missão. Passar por tudo isso nos fez priorizar a humildade, nós sabemos de onde viemos.

Meu marido e eu sobrevivemos ao caos e seguimos criando nossos filhos unidos no amor e na fé, e eu, digamos que até um pouco ingênua, achava que todo mal já tinha passado pela minha vida, e continuei mentalizando, criando e sonhando meu futuro. Vivi os melhores anos, me lembrava muito do comercial de margarina, aquele da família feliz e perfeita, tinha ao lado o meu grande amor, filhas gêmeas e, agora para completar e ficar ainda melhor, veio um garotinho. Não havia mais escassez, construímos uma empresa conhecida como "casa de bênçãos", porque ajudamos milhares de famílias a ter sua casa própria, muitas pessoas foram e são impactadas pelo nosso trabalho.

Mas é importante lembrar que nós não conhecemos nossos limites até estarmos frente a frente com eles. Eu cheguei a achar que a dificuldade financeira, ou quase perder minhas gêmeas com 26 semanas de gestação, ou ter meu filho de 1 ano e meio picado por um escorpião, fosse o maior dos meus limites, achava que já havia superado tudo na minha vida, mas isso foi um mero engano.

O caos

Dia 31 de outubro de 2021 chegou, e com ele o meu pior pesadelo: eu vi o grande amor da minha vida cair como uma rocha na minha frente e na frente dos meus filhos, um enfarto fulminante. Naquele momento, traumas foram criados, ver o desespero nos olhinhos dos meus filhos que tinham o pai como o maior herói de todos, sentir a minha impotência diante de toda aquela tragédia, me fez entrar em imenso desespero e em alguns momentos cheguei a achar que não suportaria.

Nenhuma dor é maior do que perder alguém que realmente amamos, é avassalador. Eu perdi um marido, amante fiel, um amigo para todas as horas, o paizão, o filho amoroso, o líder exemplar, o ser humano que tirou diversas vezes a roupa do corpo para dar a quem precisasse mais. O mundo perdeu um ser de luz.

O luto é uma mistura de pesadelo com desespero e de imediato inclui o pânico. Luto não é uma escolha, não é uma tristeza, é paralisia emocional. Quando você recebe a notícia, você entra em choque, o corpo fica imóvel e o cérebro não reage nem comanda mais nada. Você fica paralisado por horas, dias, meses, em algumas pessoas pode durar anos, nada explica a dor da alma e somente quem sente consegue entender. Encontrei recentemente um diário no meu celular que se resume a:

<u>Novembro/2021</u>
Silêncio e choque. Saudades.
Silêncio e dor.
Silêncio e raiva.

Silêncio e lágrimas.
Silêncio e por quê? Saudades.

Dezembro/2021
Aceitação e Deus.
Esconder a dor para não machucar os filhos.
Mostrar a dor para normalizar os filhos.
Silêncio e lágrimas.
Mudança.
Acolhimento, amor, dor, abraços.
Os dias não passam. Saudades.

Janeiro/2021
A morte poderia ser meu alívio.
Covid-19.
Meus filhos precisam de uma mão forte.
Deus restaura e cura qualquer dor.

Ler isso me fez entender que o luto é um processo, um degrau, cada um no seu tempo, cada um com sua dor, e que em todos os casos desistir nunca deve ser uma opção. Ou você controla ou será controlado, seu limite é o que a sua mente limitar, se você entende que o poder está em você, nada pode lhe parar. E mesmo no fundo do poço, mesmo na sua maior dor, se você entender o poder da sua decisão e dizer "chega!", você supera qualquer que seja o seu limite. E foi isso que eu fiz e faço todos os dias.

Virada de chave

Por muito tempo, eu não me olhei no espelho e confesso que desejava me entregar, mas algo lá dentro me dizia que eu ainda podia mais. Nossa vida é preciosa e cada acontecimento, seja bom ou ruim, a gente sempre ganha ou aprende algo com aquilo, e eu sempre estou aprendendo com essa avalanche que passou pela minha vida. Três coisas foram fundamentais para eu sair do que costumo chamar de fundo do poço:

- Meu filho, na época com 3 anos, me vendo aos prantos, colocou as mãozinhas na minha bochecha e me disse: "Mamãe, *talma*, não *chola*, eu vou *tuidar* de você".
- Ganhei um momento de beleza no salão de beleza da Camila e ela me disse: "Passei por algo parecido com a sua história, mas eu era a filha e a minha mãe não soube lidar com a situação, sozinha com os filhos para criar. Não se entregue, seus filhos serão frutos das suas decisões de hoje, pense bem o que vai fazer da sua vida".

- E a Dra. Cibele, que hoje considero minha amiga, me aproximando cada vez mais de Deus. Através dela fui criando intimidade com Ele, e confesso que foi um milagre na minha vida, uma luz naquele buraco escuro sentir o amor e a presença do Senhor agindo em meio a todo aquele caos.

Desistir nunca foi uma opção

Sim, há situações que fogem do nosso controle, então pare e respire, se ajoelhe e entenda que tem limites que você não precisa superar sozinha(o), independente do que você crê, confie, divida o fardo e se sentirá forte e capaz para superar tudo que vier, porque desistir nunca foi e nunca será uma opção, nem para mim nem para você.

Você já parou para pensar como sua vida é perfeita? Se você reclama, mas nunca perdeu alguém, você não sabe nada, nada sobre a vida. E acredite, agradeça todos os dias pela sua ignorância. Eu confesso que às vezes ainda me pego questionando o porquê de tudo isso, mas ninguém pode explicar certas coisas, apenas temos que confiar. Tudo acontece por um motivo e não é no nosso tempo, é no tempo do Senhor que as coisas são reveladas.

Viver exige coragem, a maioria das pessoas sobrevive, pois não tem coragem de viver. Superar limites é desafiador e dá muito medo, mas confie em quem lhe protege e vai com medo mesmo. Olhar para trás e ver toda minha trajetória até aqui escrevendo para vocês me faz querer gritar ao mundo que sim, nós podemos tudo que quisermos, nós temos o poder de controlar a nossa vida.

Algumas coisas fogem do percurso, mas entendo que a minha mente me levou a viver os melhores momentos da minha vida até aqui, inclusive esse livro é fruto de um desejo ardente que eu criei e mentalizei. Entenda que o que você afirma consciente e aceita como sua verdade, se manifesta na sua mente, em todo seu corpo e na sua vida.

Quem você decide ser?

Imagine que você está no primeiro degrau de uma escada, cada limite superado é um degrau e é necessário que você dê o primeiro passo. Entenda que depende 100% somente de você, não terceirize sua dor, não coloque no outro ou em Deus a responsabilidade que só cabe a você.

O primeiro momento importante da vida é quando a gente nasce, o segundo é quem a gente decide ser e o terceiro é quem a gente escolhe para estar com a gente nessa caminhada. Eu agradeço por ter pessoas ao meu lado que me inspiram a querer se alguém melhor, que me pegaram pelas mãos e me levantaram quando eu não sabia para onde ir. Observe com quem você anda, as pessoas ao seu lado influenciam quem você é, como dizem por aí: nós somos o reflexo das cinco pessoas que andamos, e eu creio nisso.

Lembre-se de que a vida é feita de escolhas, escolha viver e pare de sobreviver. Comece a falar mais com Deus, menos de você e nada dos outros e verá a transformação que acontecerá na sua vida. Só me abala ou me afeta o que eu permito entrar na minha mente e eu decido ser hoje melhor que ontem. Poderia estar ainda embaixo dos lençóis chorando e me vitimizando do "porquê eu"? Poderia, mas eu escolhi superar o meu limite, eu escolhi não desistir, e você? O que você escolhe?

Inspiração

Quero deixar aqui quatro livros que me ajudaram a mudar minha forma de pensar e automaticamente de viver e faço apenas um pedido, por favor, leiam:

- *Você pode curar sua vida,* de Louise L. Hay;
- *Mais forte do que nunca,* de Brené Brown;
- *O poder do subconsciente,* de Joseph Murphy;
- *O segredo,* de Rhonda Byrne.

Depois deste capítulo, eu já vejo uma transformação em você. E você, o que vê? Quero ver você lá na minha página do Instagram, no *post* deste livro, para me contar se contribuí um pouquinho com a sua evolução.

Meu desejo é que Deus abençoe sua vida e transforme sua trajetória, que você encontre propósito e significado na sua história ajudando o próximo e então você descobrirá a riqueza que é ter um coração aberto. Obrigada!

Referências bibliográficas

BROWN, B. *Mais forte do que nunca*. Rio de Janeiro: Sextante, 2016.

BYRNE, R. *O segredo*. Rio de Janeiro: Sextante, 2015.

HAY, L. L. *Você pode curar sua vida*. Rio de Janeiro: Best Seller, 2009.

MURFHY, J. *O poder do subconsciente*. Rio de Janeiro: Best Seller, 2019.

"Ou você controla ou será controlado. Seu limite é o que a sua mente limitar. Se você entender que o poder está em você, nada poderá pará-lo(a)."

Gisele Matulovic

Grazielle Máximo

Sou Grazielle Máximo, cristã, nasci e resido em São Paulo/SP com a minha família: meu esposo Thiago Kaupa, por quem sou apaixonada há 23 anos, e meus filhos Gabriel Kaupa e Luisa Kaupa, que são a minha razão de viver.

Sou mentora e diretora de *customer success* e *customer experience*, atuando em grandes empresas nacionais e multinacionais. Encontrei meu propósito na mentoria, guiando mulheres empreendedoras na estruturação dos seus negócios. Acredito que todas as mulheres merecem prosperidade em todas as áreas da vida.

Para alcançar o sucesso, superei grandes desafios e provei que é possível mudar a própria vida com coragem, fé e determinação.

grazimaximo

+55 (11) 91376-1624

Grazielle Máximo

desperteseumaximo@gmail.com

SUPERE *Seus* LIMITES

11 DECIDA ENTRE DIFICULDADE OU OPORTUNIDADE

Por Grazielle Máximo

Na vida, todos enfrentamos desafios que, à primeira vista, podem parecer insuperáveis. No entanto, acredito firmemente que em toda dificuldade há uma grande oportunidade. O que determina nosso futuro são as decisões que tomamos hoje, e são elas que determinam nosso futuro. Algumas dessas escolhas são difíceis, exigem coragem e, muitas vezes, precisamos tomar a decisão certa no meio da tempestade. Esta é a história de como uma sequência de eventos difíceis me levou a descobrir minha força interior, a lutar pelos meus sonhos e, finalmente, a transformar minha vida em algo maior do que eu poderia imaginar.

O primeiro desafio: a queda de um império familiar

Minha infância foi repleta de amor e recursos. No entanto, em 1998, aos 13 anos, enfrentei o primeiro grande desafio da minha vida. Meu pai, um empresário de sucesso, anunciou que estava falido. O choque foi ainda maior ao descobrir que ele devia dinheiro a agiotas e que nossas vidas estavam em perigo. Acordamos certa madrugada com meus pais prontos para "fugir", carregando malas para recomeçar a vida em outra cidade. Assim, chegamos a Cuiabá/MT, onde tudo parecia que ia melhorar. Meu pai, sempre positivo, tentava nos dar segurança, mas a realidade não tardou a se impor.

Pouco tempo depois, flagrei meu pai traindo minha mãe, uma mulher que sempre foi o pilar da nossa família. Imagine a confusão na mente de uma adolescente de 13 anos. Porém, ao invés de sucumbir à tristeza, tive a certeza de que minha mãe merecia mais. Ela, uma mulher recatada e dedicada à família, não acreditava ser capaz de construir uma nova vida sozinha. Foi então que tomei minha primeira grande decisão: influenciar minha mãe a se separar e recomeçar. Eu, com apenas 13 anos, me fiz grande e corajosa.

A decisão de recomeçar

Convencer minha mãe a deixar meu pai não foi fácil. Ela temia o futuro, especialmente com dois filhos pequenos. Mas eu me fiz grande aos 13 anos, prometendo que juntas venceríamos. Nos mudamos para Assis, no interior de São Paulo, onde passamos a viver na casa de uma tia. Naquele ambiente simples, mas repleto de amor e companheirismo, reencontrei a felicidade no dia a dia com minhas primas. Minha mãe, que antes tinha empregadas em casa, passou a trabalhar como empregada doméstica para sustentar a família. Ela nunca permitiu que a raiva ou o rancor interferissem na nossa relação com meu pai. Ao contrário, sempre fez questão de preservar o vínculo que tínhamos com ele, reforçando que, apesar de tudo, ele era um excelente pai.

A jornada de superação

Aos 14 anos, já sabia exatamente o que queria da vida. Meu objetivo era me tornar uma executiva de sucesso, casar-se com um parceiro que me apoiasse, ter filhos, viajar pelo mundo, viver em uma casa confortável e frequentar bons lugares. Minha vida estava toda planejada, mas eu sabia que precisava começar a trabalhar para tornar esses sonhos realidade. Para isso, comecei a trabalhar como auxiliar de classe em uma escolinha na periferia, onde encontrei realidades bem difíceis daquelas crianças e aprendi a valorizar ainda mais a vida que tinha, apesar dos desafios.

Nossa vida simples seguiu. A experiência me mostrou realidades muito diferentes da minha, mas em vez de me sentir derrotada, sentia gratidão. Gratidão pela falência do meu pai, pela separação dos meus pais, e pela força que esses desafios me deram. A vida seguiu, minha mãe estudou, conseguiu um emprego melhor, e meu pai também se reconstruiu financeiramente, tudo simples, mas cheio de significado.

Eu sabia que minha vida perfeita dependia apenas de mim. Às vezes, me sentia egoísta, mas sabia que precisava estar bem para ajudar aqueles que dependiam de mim... Eu sempre lembrava da frase dos comissários de bordo: "Máscaras cairão, coloque primeiro em você".

Enfrentando o mundo com coragem

Em dezembro de 2002, senti que algo grandioso estava prestes a acontecer. Fui passar férias em São Paulo e, durante o Réveillon, conheci Thiago. Foi amor à primeira vista, e, no dia seguinte, já estávamos namorando. No entanto, havia um detalhe: eu morava em Assis e ele em São Paulo, a 600 km de distância. Mesmo assim, decidimos enfrentar a distância. Três meses depois, estávamos noivos, e, apesar das dificuldades, sabíamos que iríamos nos casar.

Em 2003, terminei o Ensino Médio e tomei outra grande decisão: mudar-me para São Paulo em busca de uma vida melhor. Fui morar com meus padrinhos no Capão Redondo, um bairro distante de onde tudo acontecia. Em pouco tempo, consegui meu primeiro emprego como telemarketing, mas continuei buscando algo melhor. Após alguns meses, consegui uma vaga como representante de vendas e, depois, como recepcionista em uma empresa de plano de saúde. Finalmente, estava no caminho certo para realizar meus sonhos.

Comecei a faculdade, mas logo enfrentei outro desafio: o valor da mensalidade. Ao invés de desistir, adaptei meus planos e escolhi um curso que cabia no meu bolso. Foram meses de muito esforço e, como morava longe, acordava muito cedo para ir trabalhar e chegava muito tarde da faculdade. Meu padrinho, a quem tenho muita gratidão, ia no ponto de ônibus me buscar para me proteger do perigo da região.

A força para continuar

Tudo estava indo bem até que, aos 20 anos, descobri que estava grávida. Fiquei em choque, mas ao invés de lamentar, decidi que essa seria uma mudança positiva. Contei a novidade para minha família com alegria, e todos a receberam de braços abertos. Sem condições financeiras e sem maturidade para conciliar trabalho, faculdade, marido e filho, mas, mais uma vez, tomei a decisão de seguir em frente. Em novembro de 2005, nasceu o Gabriel. Eu precisava seguir minha jornada, queria continuar a faculdade e o trabalho. Mesmo com o salário baixo e custo alto com creche, não parei de trabalhar. Sabia que precisava continuar para alcançar meus objetivos.

Ao longo dos anos, trabalhei em grandes empresas, subi na carreira e, em 2014, comecei a ver meus sonhos se tornando realidade. Tinha um apartamento, um carro, um filho saudável e um marido maravilhoso. Quando inesperadamente dez anos depois fiquei grávida pela segunda vez, mais uma vez recalculei a rota, entendi que seria mais um momento de transformação. Luisa nasceu linda e maravilhosa, mas me trouxe desafios, como os problemas respiratórios, ela tinha internações recorrentes, eu dormia pouco, minha mãe ou o Thiago chegavam no hospital para ficar com ela e eu ia para empresa, esgotada, mas firme no propósito de buscar uma vida melhor.

Em 2018, alcancei um novo patamar na minha carreira, trabalhando em uma multinacional, e ali foi um divisor de águas, em que tive a oportunidade de me desenvolver ainda mais como profissional, fui reconhecida e conheci grandes profissionais e amigos que me inspiram até hoje.

Tudo parecia ir muito bem, comecei a viajar muito com a família; minha filha estudando em um dos melhores colégios da região; realizei o sonho de enviar meu filho para um intercâmbio no Canadá; depois de vinte anos de relacionamento, eu e o Thiago nos casamos em Cancun em uma cerimônia de conto de fadas, tudo perfeito, mas só eu sabia o que eu estava enfrentando. De dezembro de 2022 a julho de 2024 foi o período mais difícil da minha carreira. Sofri assédio moral, puxadas de tapete, situações as quais nunca imaginei passar, mas continuei firme e controlando sozinha as crises de ansiedade, inspirada pela passagem bíblica de Josué 1:9: "Não fui eu que te ordenei? Seja forte e corajoso! Não se apavore nem desanime, pois o Senhor, o seu Deus, estará com você por onde você andar".[1]

Em junho de 2024, fui demitida, mas ao invés de me desesperar, tomei uma nova decisão. Quero fazer algo que me encha de orgulho, que se alinhe com um propósito. Sentei-me, liguei o computador e comecei a desenvolver meu programa de mentoria. Em apenas 15 dias, já tinha minha primeira cliente. Passei a criar conteúdo no Instagram, participar de eventos, e logo conquistei mais clientes.

Minha remuneração ainda não era a mesma, mas minha satisfação era enorme. Porém, quando eu olhava para minhas contas, para os sonhos que eu ainda tinha, parecia que tudo estava estagnado, era difícil manter-se positiva. Durante esse período, reencontrei Jesus e, mais uma vez, fui

1 BÍBLIAON. Josué 1:9. Disponível em: https://www.bibliaon.com/versiculo/josue_1_9/. Acesso em: 2 out. 2024.

fortalecida pela fé e uma nova oportunidade surgiu. Fui convidada para ser diretora de *customer success* em uma empresa que sempre admirei.

Hoje, vivo o meu sonho. Sou casada com o amor da minha vida, mãe de dois filhos maravilhosos, tenho uma carreira que amo e ajudo outras mulheres a prosperarem. Eu sempre ousei sonhar, e é isso que quero deixar como mensagem para você.

Não importa o quão difícil seja o desafio que você enfrenta, lembre-se de que em cada dificuldade há uma grande oportunidade. Não se apavore, não desista. Seja forte, corajosa e tenha fé de que você é capaz de transformar sua vida. Você também pode superar seus limites e viver o seu melhor momento.

Que essa história inspire você a tomar a decisão de ser a protagonista da sua vida. Ouse sonhar grande, mesmo diante das dificuldades. As decisões que você toma hoje são as que vão determinar o seu futuro. Se eu consegui transformar os desafios em oportunidades, você também pode. Não se permita desanimar, não se permita desistir. Acredite em si mesma, tome as rédeas da sua vida e vá em busca dos seus sonhos. Você tem a força necessária para superar qualquer obstáculo e criar a vida que sempre desejou. Se eu posso, você também pode!

“

Nos desafios da vida, Deus revela oportunidades. Com fé e sabedoria, você tem o poder de transformar seus sonhos em realidade.

”

Grazielle Máximo

Jéssica Mosk

Meu nome é Jéssica, tenho 32 anos e sonhos inesgotáveis. Na indecisão da vida, me graduei em Administração. Depois, realizei o sonho de morar no Canadá. De volta ao Brasil, percebi que não seria fácil conseguir um bom emprego, como eu imaginava. Assim, ingressei em um cursinho, mas acabei continuando apenas pelo diploma de pós-graduação.

Ambiciosa e apressada, corria atrás do sucesso, mas sem direcionamento. Aos 31 anos, saí de uma grande realização profissional para o fundo do poço, e isso foi a melhor coisa que aconteceu na minha vida!

Encontrei no autoconhecimento um sentido, um propósito. Hoje, sou nômade digital, todos os dias realizo um sonho diferente, vivo com leveza e sigo minha missão: direcionar indivíduos ao caminho da plenitude.

jessica.mosk

+55 (61) 98633-5576

SUPERE *Seus* LIMITES

12 LIBERTE-SE DA ESCURIDÃO

Por Jéssica Mosk

Levei um susto quando me olhei no espelho, eu parecia um monstro. Mal conseguia ver meus olhos, eles estavam cobertos pelo inchaço do meu rosto. Era madrugada, eu tinha me levantado para ir ao banheiro quando vi meu reflexo no espelho. Naquele dia, eu havia passado horas chorando sem parar, até pegar no sono. Uma imagem assustadora, que refletia muito bem o que eu estava sentindo naquele momento. Eu havia sido demitida do emprego que era o ápice da minha trajetória profissional.

Lembro-me bem da emoção que senti ao receber a notícia de que eu havia sido selecionada para aquela vaga que eu tanto almejava. Eu estava extasiada, andava pelos corredores da empresa com o maior sorriso do mundo, me sentia realizada e grata por ter obtido sucesso aos 30 anos. Todos tinham orgulho de mim: minha família, meu marido, meus amigos e principalmente eu.

A felicidade que eu sentia não me privou de enfrentar sérios problemas na empresa. Eu tinha síndrome de impostora. Havia chegado ali após duas demissões consecutivas e não me sentia qualificada. Supunha que todos estavam comentando entre si que eu não era a pessoa mais adequada para aquela vaga e que tudo que eu fazia ou falava estava errado. Meu trabalho era intenso e complexo e eu acabava comentando vários erros.

Não dava para continuar assim, eu precisava de ajuda. Não suportaria ser demitida de novo! Contratei uma *coach* e foi nesse momento que meu processo de libertação começou.

Eu me lembro bem do dia que ela me conduziu a refletir se, com base no meu perfil comportamental, aquele realmente era o lugar certo para mim, mas eu não queria escutar, estava completamente cega, muito mais preocupada com meu salário alto e status.

Todos nós ficamos cegos quando vivemos na inconsciência. Quando você começa a se conhecer de maneira mais profunda, uma venda começa a cair dos seus olhos, é simplesmente inacreditável perceber o quanto, não somente você, mas praticamente todas as pessoas ao nosso redor, vivem como robôs, sem entendimento do porque estão onde estão, porque fazem o que fazem, sem entender onde querem, de fato, chegar, sem domínio próprio e sem propósito de vida, acreditando que são donos das suas decisões e seguros de que sabem o que estão fazendo. Como eu, que acreditava firmemente ter realizado meu sonho profissional.

Quando fui demitida, o sentimento de fracasso e vergonha me dominaram por completo. O objetivo inicial do *coaching* não foi atingido, eu não consegui manter meu emprego, mas ele foi muito além do que isso. Ele me mostrou quem eu sou, me ajudou a passar por todo o processo com firmeza e me blindou da depressão. Entendi que eu não era defeituosa e que minhas dificuldades eram uma mera questão de perfil. Passei a ser mais grata, otimista e feliz. Comecei a me validar diariamente, me cuidar, me aceitar e me amar mais. Fui percebendo o quanto eu era extraordinária e que minhas demissões não haviam sido ocasionadas por incompetência, e sim por desalinhamento de perfil e por falta de propósito.

Com uma nova mentalidade, pensei: "Se eu estivesse no lugar certo, não teria dado errado". Aprendi, na dor, que você pode trabalhar em uma profissão de alto nível, mas sem o perfil adequado e sem um propósito definido viverá frustrado, pois jamais alcançará o sucesso almejado. Em contrapartida, você pode trabalhar em profissões até mesmo consideradas medíocres e o sucesso correr atrás de você, desde que, na sua profissão, tenha encontrado a combinação perfeita entre seus anseios, virtudes e habilidades.

Certa vez, minha então chefe perguntou por que eu queria manter meu emprego, dei inúmeros exemplos que expressavam meu amor pela empresa e pelas pessoas de lá, mas nada relacionado às funções que eu executava. Depois da demissão, levei meses para perceber que eu não gostava do que fazia, além de não ter talento para aquilo. Eu estava correndo na direção errada, sem priorizar meus próprios anseios, cultivando sentimentos de incapacidade, inutilidade e incompetência. Minhas forças e virtudes estavam enterradas.

Devido a traumas não resolvidos, armazenados no meu inconsciente, eu queria provar para as pessoas que eu era boa, inteligente e capaz. Movida pela inconsciência, eu, de fato, conquistei o que queria: admiração e status. Mas ninguém é preenchido quando vive para agradar o outro, somos preenchidos apenas quando agradamos a nós mesmos. Por isso me senti tão fracassada e envergonhada. Fracassei em manter minha imagem perante as pessoas.

Além disso, minha visão de prosperidade foi construída com base no que eu vi na sociedade onde cresci: no cargo elevado, nas roupas caras, nas publicações de viagens e em ambientes sofisticados. Ela foi embasada em comparação e inveja. Aos poucos, fui percebendo que a comparação regia toda a minha vida. Era como se todo mundo fosse melhor do que eu, me empenhava ao máximo para alcançar o nível deles, mas nunca era suficiente. Eu sempre precisava melhorar e não celebrava minhas conquistas, pois pareciam insignificantes. A comparação antecede a inveja. Ela é a fonte mais destrutiva da atualidade. Provoca baixa autoestima, ansiedade, depressão etc. Por isso é preciso blindar-se contra ela. É necessário autoconhecimento e humildade para reconhecê-la e dominá-la, caso contrário, o caminho da infelicidade é certeiro.

A tecnologia teve um crescimento exponencial nos últimos tempos. Enquanto meus pais escutavam rádio à pilha e fotos da família eram tiradas por agendamento, hoje, fotos e vídeos, que mostram pequenos recortes do que há de melhor na vida das pessoas, que não representam nem 1% do que elas vivem no dia a dia e nem de longe se aproximam do que vivencia a maioria da população, são publicados a todo momento nos deixando alienados a uma realidade distorcida. Os padrões de sucesso e prosperidade são jogados na nossa cara a todo instante. Passamos a desejar o que vemos, e não o que vem do nosso interior.

Os quatro pequenos passos a seguir me tiraram da escuridão e podem tirar você também. A vida é muita curta para ser vivida em função do outro. Decida ser o dono do seu destino e construa o caminho da realidade criada por você.

1. Detox de redes sociais

A maior fonte de comparação, na atualidade, está nas redes sociais. Cada indivíduo tem uma vida singular, por isso toda comparação com outrem é desleal. A partir do momento que você começar a se comparar apenas consigo mesmo, será impossível não se alegrar e celebrar. Todos nós evoluímos a cada dia. Seus esforços, com certeza, lhe trouxeram a um patamar melhor do que ontem.

Comece a olhar mais para si mesmo, anote suas conquistas em um caderno e releia diariamente. Para manter o foco em você, desinstale suas redes sociais e estabeleça prazos para ficar sem a utilização desses meios.

2. Seja grato

Todos os dias, faça uma lista de cinco a dez coisas pelas quais você é grato. Ao ler, concentre-se, para que suas palavras sejam carregadas de sentimento. Com o tempo, você se verá sendo grato naturalmente por pequenas coisas do dia a dia e se sentirá mais feliz e realizado. A gratidão é uma ferramenta extremamente poderosa.

3. Pratique a generosidade

Ajude pessoas necessitadas de forma ativa, procure bater um papo com elas e, se possível, visite suas casas. Isso lhe fará enxergar a vida através de outra perspectiva e você se sentirá ainda mais grato pelo que tem hoje. A felicidade não está nas suas conquistas, está na forma com a qual você vê a vida.

4. Definição de propósito

Descubra o que é prosperidade para você. Escreva essa pergunta e coloque em um local estratégico, para que você possa ler todos os dias. Aos poucos, você perceberá o que realmente tem significado para você. O conceito de prosperidade não é universal, ele é individual.

Uma vez que você tiver clareza do que é prosperidade, descubra qual é o seu propósito de vida: o porquê de você estar aqui, qual é a contribuição que você veio trazer para o mundo. Isso dará significado a sua vida, um sentido para existir. O propósito vai muito além do ganho financeiro, entretanto, quando você trabalha com propósito, o sucesso profissional e financeiro vêm naturalmente. A visão clara de futuro, alinhada ao foco, persistência e resiliência diminuirão drasticamente suas dúvidas, angústias e preocupações.

Durante muitos anos, acreditei não ter propósito, mas acredite: todos nós nascemos com um propósito! O que às vezes nos falta é clareza. É preciso procurar a resposta. Nessa busca, paciência, tempo e autoconhecimento são nossos aliados.

Através de uma ferramenta muito simples, encontrei o meu propósito. Tive preconceito, demorei para aceitar e procurei alternativas, mas não podia mais insistir no que não estava dando certo.

Em um papel, crie uma tabela com três colunas:

1. No que você é bom;
2. Do que você gosta de fazer;
3. O que você quer fazer.

Coloque em um local estratégico para que você possa ver todos os dias. Não tenha pressa para alimentá-la, o tempo irá trazer as respostas. Anote todos os *insights* que tiver, por mais simples ou insignificantes que possam parecer. Combine todas as informações com a atribuição que lhe trará ganho financeiro. Nesse processo, não pense, nem por um segundo sequer, em como fará para que isso dê certo. Apenas defina.

Depois do *coaching*, mergulhei cada vez mais no processo de autoconhecimento e passei a viver de uma maneira completamente diferente. Diversos desejos que nutria já não fazem mais sentido. Eu me preocupo cada vez menos com julgamentos e sinto uma felicidade muito maior do que a que eu havia experienciado antes, uma felicidade que vem da alma, que é leve, carregada de gratidão, otimismo e paixão e é isso que desejo para você. O processo é longo, doloroso e dá trabalho, mas é melhor enfrentá-lo do que passar pela vida sem nunca ter tido o sabor da vitória.

Caso necessite de auxílio nesse processo, não hesite em me contactar. Ninguém vence sozinho e lhe auxiliar nessa jornada é o meu propósito.

“O fracasso só existe quando desistimos. O que parece ser o fim pode ser o começo de algo extraordinário.”

Jéssica Mosk

Jóice Seidl

Meu nome é Jóice Seidl, natural de Bom Princípio/RS, onde moro com meus filhos Valentina e João Pedro.

Sou formada em Psicologia há 21 anos, palestrante, mentora de mulheres e idealizadora da ONG Baleia do Bem "Promoção da Vida e Prevenção do Suicídio", uma ONG que desde 2017 realiza ações de saúde mental, de promoção da vida.

A minha vida virou de cabeça para baixo em 2017, quando meu casamento de 22 anos acabou. Eu me vi sem chão, sem norte. Mas com a ajuda que recebi e com muita psicoterapia, fui conseguindo superar os desafios que iam aparecendo e me reconstruir. Hoje isso se tornou uma missão na minha vida: ajudar outras mulheres a atravessarem momentos difíceis na vida, independente do que estejam enfrentando.

joiceseidl

+55 (51) 99188-0799

joiceseidl@gmail.com

SUPERE *seus* LIMITES

13 MEU DIVÓRCIO: UMA SENTENÇA DE MORTE OU DE VIDA?

Por Jóice Seidl

Casar-se, formar uma família, ter filhos e viver uma vida feliz sempre foi um sonho meu desde pequena. Meu sonho se realizou, mas, em 2017, ter que lidar com o término do meu casamento de 22 anos foi a pior coisa que eu já vivi na minha vida.

A sensação era que eu havia sido atingida por um tsunami. Todas as áreas da minha vida foram bruscamente atingidas, principalmente a emocional. Não ficou nada no lugar. Mesmo sabendo que nunca queremos perder algo ou alguém na vida, eu percebi três pontos específicos como dificultadores do processo de separação. Em primeiro lugar, a dor da traição. Em segundo, o fato de eu ficar sem acesso aos meus bens materiais durante todo o processo do divórcio litigioso. E, em terceiro lugar, o fato de eu ter me separado e estar afastada da minha profissão, a psicologia, há mais de oito anos, depois que eu decidi, junto com meu marido, empreender no ramo da construção civil.

Mas então, o que foi decisivo para mim superar o término do meu casamento e não ficar numa situação muito desfavorável, como é a realidade de muitas mulheres?

Foram inúmeros fatores que contribuíram, mas faço questão de iniciar mencionando meus pais, irmãs e cunhados, que foram fundamentais no meu processo de reconstrução. Além deles, o meu psicoterapeuta também teve um papel relevante. Investir pesado em psicoterapia após ter sido quebrada em mil caquinhos pela vida foi crucial. Foi com a ajuda dele que eu iniciei um verdadeiro trabalho de "olhar para dentro de mim", que pode ser comparado ao trabalho de exploração de uma terra desconhecida. Foi olhando para dentro de mim que eu descobri coisas sobre mim mesma que eu não sabia. Tive a oportunidade de perceber o que ainda fazia sentido na minha vida e o que não fazia mais sentido. Decidir quem eu quero perto de mim e de quem quero distância. Quais lugares eu quero abraçar e quais eu devo abandonar.

Esse trabalho minucioso de exploração do meu interior, de descobrir minha alma, foi uma jornada que foi tudo, menos fácil. Era a vida me dando uma oportunidade para eu me conhecer, caso estivesse disposta a pagar o preço. E eu paguei. E em meio à dor e à escuridão, fiz esse processo de autoconhecimento, me desnudando para descobrir quem eu era, o que foi fundamental para que eu tivesse condições de seguir a minha vida.

Olhando para dentro, percebi o quanto sou amada e abençoada. Lamentei pelas escolhas erradas que fiz ao longo da vida. Vibrei pelas escolhas felizes. Perdoei-me pelos meus erros e escolhas ruins. Aprendi que o que mais importa na vida é o caminhar e não a chegada ao destino. Testemunhei o fato de que não controlamos muitas das coisas que acontecem em nossas vidas, mas que controlamos outras tantas, e que é sobre essas que devemos nos debruçar.

Enquanto eu fazia esse movimento de olhar para dentro, fui convidada a atender numa clínica na minha cidade e percebi o quanto meu trabalho de psicóloga clínica continuava fazendo total sentido para mim. Naquele momento, agradeci por perceber, talvez como nunca antes, a importância do meu trabalho na vida das minhas pacientes, independentemente do que estão enfrentando.

E como nada na vida é por acaso, passei a receber muitos pacientes referindo sentimentos de vazio existencial, sintomas depressivos, ansiedade, ideação e tentativa de suicídio. Alguns pacientes, inclusive, relatavam ter conhecimento do perverso jogo da baleia azul, que aliciava pessoas vulneráveis para o jogo e que a última tarefa era tirar a própria vida. E foi nesse momento que idealizei e fundei, junto com amigos, a ONG Baleia do Bem "Promoção da Vida e Prevenção do Suicídio", uma organização sem fins lucrativos que desde 2017 vem fazendo um trabalho voluntário de promoção da vida, tanto de forma presencial quanto on-line.

Sempre gostei muito de estudar; nesse momento senti vontade de me aprofundar nos estudos sobre o sentido da vida, e tomei coragem e fui fazer uma especialização em Ribeirão Preto/SP. Além do tema ser muito instigante, principalmente por toda mudança que eu estava vivendo na minha vida, ir estudar em outro estado tornou-se um símbolo de libertação para mim.

Algo curioso era constatar que toda essa mudança na minha vida só aconteceu depois do término do meu casamento. Que em meio a tanta dor, sofrimento, humilhação, decepção, traição, eu consegui me resgatar e ter força, sabedoria e resiliência para me reinventar, recomeçar, me reencontrar.

E aos poucos passei a me sentir viva novamente. Voltar a trabalhar com psicologia fazia meu coração acelerar. À medida que eu fazia o meu processo, passei a perceber o quanto meus filhos também cresciam e melhoravam e isso era muito gratificante.

Olhando para dentro, fazendo esse processo de autoconhecimento, passei a ter orgulho da minha nova versão. Eu estava tendo novamente uma voz ativa. Tinha perdido o medo de emitir minhas opiniões. Parei de tentar me encaixar em padrões. Passei a construir as minhas verdades. Deixei de ter a necessidade de agradar a todos. Passei a gostar da minha própria companhia. Eu me permiti ter novos relacionamentos. Passei a "ligar o foda-se". Muitas das "verdades" de antigamente passaram a ser somente verdades de antigamente, porque não faziam mais sentido para a pessoa que eu tinha me transformado. Fiquei mais leve, mais solta, mais espoleta.

Quem me conheceu depois de todo esse processo de luto pela separação, bem como pelo meu processo de autoconhecimento, não imagina tudo que passei. É difícil de mensurar toda a energia que é despendida num processo litigioso como o meu, que levou mais de sete anos para chegar à sentença final. Hoje compreendo perfeitamente as pessoas que desistem no meio de um processo de divórcio litigioso ou que abrem mão dos seus bens e acabam fazendo a separação de modo consensual, para não ter que lidar com tudo isso.

Mas eu sobrevivi e, mais do que isso, renasci! Transformei a maior dor da minha vida na minha maior força. Consegui com muita garra, fé, apoio e resiliência ir respondendo a todos os desafios que iam se apresentando.

Como diz uma frase que desconheço a autoria: "Eu não sou o que me acontece. Eu sou a resposta que dou ao que me acontece!". Cada pessoa dá a **resposta** que consegue em cada momento da vida, de acordo com seu aparato psíquico, com as ferramentas que têm à disposição e com a rede de apoio que pode contar. Certamente sou uma pessoa abençoada e privilegiada por ter tido tantos recursos, tanto internos quanto externos, que me ajudaram a dar as respostas em cada momento desafiador que passei. Por isso, hoje, a minha missão é ajudar outras mulheres em suas travessias na vida, independente do que estão enfrentando. Para mim é motivo de orgulho poder ser uma guia, uma luz, uma inspiração para mulheres que estão tendo que lidar com situações muitas vezes inimagináveis. Aliás, viver é isso: lidar com coisas boas, com as surpresas maravilhosas da vida, mas também com o inesperado, com o que não controlamos, com o caos.

Como sou uma psicóloga que tem especialização em Luto, eu sabia que seria natural o processo do luto por separação oscilar entre dois polos: o da dor e o da reconstrução da vida. Conforme o esperado, logo após a separação fiquei muito no polo da dor. Sofri muito pelo término do meu casamento. Por ter, de certa forma, me abandonado em vida para viver a vida dos outros. Por ter me dedicado tanto para pessoas que não mereciam o meu sacrifício. Por não ter acreditado e lutado pelos meus sonhos. Por não ter tido voz ativa para defender minhas ideias. Por ter me apequenado para caber em certos lugares. Por ter me apagado. Por ter aceitado ser sombra. Por não ter me revoltado diante de certas situações. Por não ter tido pulso firme para defender meus ideais. Pelas crenças que eu acreditava e que me limitaram por tanto tempo. Por não ter sido eu mesma. Por ter permitido tantas agressões. Por não ter me valorizado. Por não ter sido simplesmente eu.

Mas, com o passar do tempo, cada vez mais eu pendia para o polo da reconstrução da vida. Sorri por dentro quando reencontrei a menina alegre e marota que sempre fui. Ao encontrar a adolescente cheia de sonhos e planos. Ao perceber que eu posso ser eu mesma. Que a opinião dos outros é só a opinião dos outros. Que eu não preciso me encolher para estar em certos lugares. Que eu posso tudo que eu quiser. Que eu sou capaz. Que eu mereço muito. Que independente do que aconteceu no passado, o presente e o futuro são páginas em branco que eu posso escolher como vou escrever. Que o meu passado é somente um lugar de referência. Que eu não devo mais duvidar da minha capacidade. Que a minha voz é capaz de ressoar na sociedade e vai ajudar a libertar outras mulheres.

É fácil olhar para tudo depois que passou o tsunami. Difícil é viver e sobreviver quando se está no meio dele. Hoje, tenho ciência que nunca mais quero viver uma vida no piloto automático, deixando as decisões nas mãos do destino ou de outras pessoas. Procuro conciliar de uma forma mais assertiva as diversas demandas pessoais e profissionais. Valorizo muito mais meu tempo e as pessoas que eu amo e que me amam. Procuro ser a cada dia uma mãe melhor para meus filhos e uma pessoa melhor para todos que convivem comigo.

Hoje tenho a minha vida em minhas mãos. Mas para chegar até aqui, muitas vezes me questionei se o meu processo de divórcio era uma sentença de morte ou de vida. Felizmente, tornou-se a sentença mais linda de vida que eu poderia imaginar. Transformar dor em amor, fraqueza em força, vulnerabilidade em resiliência, tudo isso é motivo de muito orgulho para mim. Que eu nunca perca a humildade e a generosidade que me ajudam a transformar mentalidades e realidades. Gratidão a Deus pela vida e pela oportunidade de ser um exemplo vivo de superação.

“Ao olhar para dentro de mim, consegui pegar novamente a minha vida em minhas mãos. Foi libertador, uma sensação indescritível!”

Jóice Seidl

Juliana Bussamra

Sou terapeuta e mentora de pessoas em seus processos de desenvolvimento pessoal e profissional, além de consultora de projetos voltados para saúde emocional no ambiente empresarial, e meu objetivo é atuar de forma mais ampla dentro das dimensões da vida.

Minha trajetória consiste na atuação em empresas multinacionais e organizações na área de cuidado e gestão de pessoas. Também fui voluntária em organizações sociais no Camboja, Singapura e Portugal.

Tenho graduação em Comunicação Social pela FAAP, MBA em Gestão pela FGV, pós-graduação em Direitos Humanos pela Universidade Católica em Portugal, pós-graduação em Neurociência e Psicologia Positiva pela PUC-PR e Fundamentos da Psicanálise pelo Sedes Sapientiae.

ju_bussamra

Juliana Bussamra

jubussamra@gmail.com

SUPERE *Seus* LIMITES

14 A MELHOR ESCOLHA É TER LIBERDADE EMOCIONAL

Por Juliana Bussamra

O desenvolvimento humano e a liberdade emocional começam quando decidimos dar o primeiro passo e termos mais consciência sobre quais caminhos e escolhas nos levam a construção de uma vida com mais qualidade e verdade.

Por lealdade inconsciente, apego a ideologias e padrões, culturais ou familiares, podemos tomar caminhos que não são nossos. Repetimos histórias e destinos, e deixamos de viver os nossos próprios sonhos por falta de consciência, humildade e discernimento.

Alguns medos e traumas interrompem a nossa evolução e eu acredito que para sermos humanos, é preciso nos colocarmos como aprendizes diante da vida. Precisamos da abertura para nos conhecermos e de humildade para acolhermos nossas feridas, padrões de comportamentos inconscientes destrutivos. Os nossos medos deixam os nossos sonhos nublados.

Eu já estive inconsciente sobre a minha própria vida e seguia um roteiro que absolutamente não havia sido feito para mim, simplesmente por não me conhecer bem o bastante. Era jovem, consideravam-me bem-sucedida, família maravilhosa, amigos leais, havia viajado e morado em lugares incríveis, porém era desconectada de mim mesma. O que poderia estar errado nisso?

Um vazio difícil de identificar me acompanhou por alguns anos, e eu me envergonhava dele por ter consciência dos meus imensos privilégios. Eu não sabia me escolher e, principalmente, me acolher.

Até os meus 30 anos, de forma inconsciente, eu fui pela direção oposta à minha essência em muitos aspectos da minha vida e isso começou a me causar um imenso sofrimento emocional e físico, apesar de tudo aparentar estar em perfeita harmonia para um *alter ego* social que desconsidera o indivíduo em suas dores e a própria complexidade humana.

Foi quando, há quase uma década, minha vida virou de cabeça para baixo e eu passei por uma grande perda: meu pai, que também era meu grande amigo, faleceu após uma batalha contra o câncer. A partir deste episódio, muito do que eu considerava uma verdade absoluta até então, deixou de fazer sentido. Eu rompi com relacionamentos e, em muitos aspectos, comigo mesma. Eu queria desaparecer no desejo de me reencontrar. Mas este reencontro não foi tão rápido.

Por não ter ferramentas que pudessem me ajudar a lidar com a dor do luto e de rompimentos que eu mesma provoquei, pouco me permitia sentir e pausar, afinal de contas, estamos todos inseridos em uma cultura em que a performance e o desempenho, bem como a euforia pela felicidade absoluta, nos colocam em um lugar de ainda mais comparação e cobrança. Mas eu comecei a questionar tudo, principalmente se as minhas escolhas estavam coerentes com a vida que eu desejava construir. E eu compreendi que não me sentia livre emocionalmente.

O caminho natural quando estamos insatisfeitos e frustrados é responsabilizarmos e projetarmos esta culpa no nosso passado, em nosso trabalho e em pessoas próximas, mas, com o tempo, entendi que esta responsabilidade já era minha há muitos anos e eu não tinha como escapar de confrontá-la.

O lugar de vítima também pode ser muito confortável no sentido de nos acomodarmos a não olharmos para o que é de nossa responsabilidade. E a verdade é que este papel nunca transformou história nenhuma.

Penso também que existe uma falta de clareza para conseguirmos identificar as causas emocionais que muitas vezes, de forma inconsciente, impedem a fluidez na nossa vida para a direção alinhada aos nossos valores e a quem somos de verdade.

A falácia da felicidade, que sustenta muitos dos valores em nossa sociedade atual, nos descaracteriza de nossa humanidade e do que é a própria vida. Isso porque os momentos de tristeza e de dificuldade também são importantes para uma vida emocional saudável. Não existe uma pílula mágica que nos prive eternamente de sofrimento e momentos difíceis. E vamos nos construindo justamente assim, a partir destas dialéticas da vida, entre os momentos bons e felizes, e momentos mais tristes e sombrios da nossa evolução e existência.

Os sintomas são sinais de que possivelmente estamos desviando de nossa rota essencial, e mesmo quando são muito desconfortáveis, podem ser bússolas extremamente sábias. Mas, quando temos dificuldade em lidar com nossos próprios sentimentos e emoções, nosso primeiro movimento é o de patologizar esta dialética da vida, que é uma alternância natural, e quando fazemos isso, patologizamos a própria vida.

Por um outro lado, quando vamos evoluindo nosso repertório e ferramentas emocionais, vamos evoluindo também os significados negativos de algumas emoções primárias que antes nos paralisavam. A verdade é que é de extrema importância entendermos melhor o funcionamento e o impacto das nossas emoções, para que possamos lidar melhor com as experiências da vida.

Como saber que estamos indo na direção errada e identificar o que precisa ser transformado?

> "A maior felicidade é quando a pessoa descobre porque é que é infeliz." Fiódor Dostoiévski[1]

Não podemos falar sobre liberdade emocional sem antes entendermos os aspectos fundamentais que compõe a nossa saúde emocional e nos dedicarmos aos cuidados e escolhas diante destes aspectos, o que eu costumo chamar de cuidado com a arquitetura da nossa própria vida.

Ela é multifatorial, o que exige identificarmos, articularmos e agirmos sobre as camadas que dizem respeito aos cuidados com a nossa saúde física, a forma com a qual nós cuidamos e literalmente nutrimos o nosso corpo, os contextos relacionados ao nosso pertencimento, ou seja, a qualidade dos nossos relacionamentos pessoais, no trabalho e família, e as nuances dos contextos sociais e econômicos, que não podem ser excluídos do impacto direto que podem ter em nossa saúde emocional.

Além disso, ao longo da vida, histórias e situações, principalmente em relacionamentos ou em nossa vida profissional, que nos frustram e chateiam, repetem-se constantemente, e por um tempo é comum responsabilizarmos e projetarmos esta dor nos outros e em tudo ao nosso redor, menos em nós mesmos.

1 PENSADOR. "A maior felicidade é quando a pessoa... Fiódor Dostoiévski". Disponível em: https://www.pensador.com/frase/MTczMzI/. Acesso em: 30 set. 2024.

Mas quando começamos a entrar em sofrimento e verdadeiramente escolhemos dar o primeiro passo em direção a nós mesmos, nos perguntamos: "Mas afinal, o que eu estou fazendo errado?".

Muitas vezes a resposta está atrás de algo chamado padrão de comportamento destrutivo, é inconsciente.

O pano de fundo de todo padrão de comportamento destrutivo é o medo, como o medo de abandono, rejeição, falha, solidão, e quando conseguimos identificar os nossos traumas e consequentemente os medos gerados a partir deles, bem como as motivações erradas do nosso coração, conseguimos abrir um espaço para substituirmos as travas mentais e os padrões ocultos de pensamento, sentimento, comportamento e da realidade vivida e projetada a partir das influências dos padrões inconscientes.

O significado da palavra "trauma", em sua origem grega, é "ferida". São nossas feridas e a forma como lidamos com elas que influenciam nosso comportamento, nossa forma de pensar, agir e nos relacionarmos com nós mesmos e com tudo o que acontece em nossa vida.

E o fato é que não existe ninguém sem marca de traumas e feridas emocionais. Quais são os traumas que carregamos por anos ou por toda uma vida? Quais possibilidades, oportunidades e sonhos teriam sido realizados, caso tivéssemos escolhido olhar para eles antes?

De toda forma, é importante compreendermos que o trauma não necessariamente diz respeito somente a acontecimentos gravíssimos ou catastróficos. Ele ocorre quando um acontecimento incide sobre o sujeito sem que este tenha ferramentas psíquicas e suficientes naquele momento da vida, para conter a ferida que ocorre a partir do incidente.

Este acontecimento difícil supera o recurso emocional que temos para lidar com o que nos acontece e a ferida emocional decorre deste processo. Portanto, não é correto compararmos a intensidade e a amplitude de um trauma com o de outra pessoa. Cada aparelho psíquico é um mundo.

O médico psiquiatra Gabor Maté diz que o trauma não é o episódio ou incidente em si, mas sim o que acontece dentro de nós.[2] E, na minha opinião, acrescentaria que também é a forma com a qual escolhemos lidar com tudo o que nos acontece e nos traz sofrimento emocional.

---

2 MATÉ, G. *O mito do normal*: trauma, saúde e cura em um mundo doente. Rio de Janeiro: Sextante, 2023.

O trauma nos limita e reduz a nossa capacidade de pensamento, confiança e ação frente aos sofrimentos e desconfortos que nos acontecem ao longo da vida. Ele também se torna um obstáculo para identificarmos e reconhecermos nossas emoções e nos conectarmos com nós mesmos, o que nos faz recorrer a rotas de fuga e a comportamentos compulsivos e destrutivos.

Quando escolhemos olhar para nós mesmos, para nossos padrões destrutivos, e percebemos que estamos indo para o sentido errado, a liberdade emocional que potencialmente podemos encontrar não é nenhuma promessa de cura milagrosa, mas sim a possibilidade não imaginada de bem-estar, quando enfrentamos nossos maiores medos e desmistificamos tudo aqui que nos acostumamos e normalizamos em nossa vida.

Quando nos permitimos sentir, temos a oportunidade de curar nossa ferida emocional

Gosto de pensar que minhas grandes dores me levaram ao que considero minha missão de vida, que é a de ajudar as pessoas a terem liberdade emocional. Nós temos muito o que aprender com a nossa própria dor e com os momentos difíceis quando escolhemos olhar para as situações com novas perspectivas, nos perdoando pelas vezes que nos traímos e nos abandonamos. É importante nos permitirmos ser humanos e cometer erros, mas nunca perder a gentileza com nós mesmos.

Ao longo da vida, é necessário discernir o que é verdade e felicidade para nós, olharmos para aquele ciclo de insatisfação, vazios e comparações a respeito do que é a própria felicidade, mas que nos levam a infelicidade por tentarmos nos encaixar em lugares que não são nossos.

A verdade é que quanto mais nos conhecemos, mais conscientes são as nossas escolhas e mais confiamos em nós mesmos e rompemos com padrões destrutivos. Tudo o que nós temos são as nossas escolhas hoje.

“

Construir uma vida que faça sentido para cada um de nós é tudo o que podemos fazer. Quanto mais nos conhecemos, melhores serão as nossas escolhas.

”

Juliana Bussamra

Kamila Santos

Sou Kamila Cavalcante dos Santos, natural de Fortaleza/CE, com origem humilde, filha de pais separados, minha mãe diarista e meu pai motorista, criada na casa dos avós, sempre busquei minha independência através dos estudos, financiados pela minha madrinha.

Administradora de formação e pós-graduada em Auditoria Financeira e Controladoria, tornei-me educadora e consultora em gestão de negócios, especialista em finanças. Após doze anos no mundo corporativo, passando por grupos como: Rede Globo, Banco Pactual e Pão de Açúcar, decidi empreender através da KS Consultoria, empresa na qual sou idealizadora desde outubro de 2020, com propósito de potencializar os resultados que alimentam o sonho dos empreendedores.

kamilagestora

suaconsultoriaks

diretoria@consultoriaks.com

SUPERE *seus* LIMITES

15 UMA HISTÓRIA QUE VAI ALÉM...

Por Kamila Santos

Responda sinceramente: o que seria, para você, o modelo de uma família perfeita? Por anos, me questionei, sendo filha de pais separados, por que eu não tinha nascido em uma família no padrão das minhas amigas de escola. Acabei transferindo essa frustração, inconscientemente, culpando meu pai. Lembro-me que suas visitas, na maioria das vezes, ocorriam em um momento que ele não estava sóbrio – eu tremia e sentia dores de barriga só por estar ao lado dele.

Mas, afinal, qual era o modelo da minha família? Para que vocês entendam, preciso contar um pouco sobre como tudo começou. Meus avós se casaram e tiveram seis filhos no interior do Ceará, em um vilarejo chamado Taperinha, no município de Boa Viagem. Minha avó, Jovita, faleceu no parto de sua última filha, e os filhos passaram a ser criados por diferentes familiares. Meu avô, Antonio, vendo aquela situação, propôs à minha tia avó, Olivia, que eles se casassem, para que ela pudesse criar os filhos dele juntos. Minha avó dizia que o amor entre eles nasceu com a convivência, e, assim, tiveram mais cinco filhos. Já adultos, meus avós se mudaram para a capital com seus onze filhos e agregados, e cada um foi construindo sua história.

Minha mãe, dona de casa, se casou com meu pai, motorista de ônibus e, pouco tempo após o nascimento do meu irmão – temos dois anos de diferença –, eles se separaram e fomos acolhidos na casa dos meus avós. Por isso, não tenho lembranças de convivência em um lar com meus pais juntos. Morávamos em uma casa com quinze pessoas e nosso espaço era um quarto, onde cabiam duas camas e uma rede, e nós revezávamos ali.

Mas foi na cozinha, uma espécie de gerência geral, onde minha avó passava a maior parte do tempo, que fui construindo e descobrindo meu mundo, entre expectativas e alegrias. Expectativas nem sempre alcançadas, mas grandes alegrias conquistadas.

Nesse ambiente familiar nunca me faltou o essencial para a vida: comida e valores como honestidade, empatia, acolhimento, resiliência e persistência. Meus avós foram meus maiores exemplos de seres humanos, sempre dispostos a ajudar quem estivesse em necessidade. Além de criar os filhos, eles também abriram suas portas para agregados que vinham para a capital em busca de oportunidades.

Minha avó foi a primeira grande gestora financeira que conheci. Ela administrava nossa casa com todas as despesas anotadas em um diário e sabia exatamente qual era o custo médio diário para manter todos com o essencial. Uma mulher desprovida de ego, sua sabedoria era seu guia, e sua fé, sua maior força.

Enfrentamos limitações financeiras de várias formas. Minha mãe recebia um salário-mínimo de pensão alimentícia, que direcionava para nossos gastos básicos. Uma das lembranças mais marcantes que tenho é de que pedíamos pizza uma vez por mês, sempre no dia em que minha mãe recebia a pensão. Nos outros dias, via minha tia e prima comendo um belo pedaço de pizza, mas nós não podíamos nos permitir esse luxo. Em casa, aprendi que para alcançar o que desejávamos, teríamos que buscar nossa liberdade, especialmente a financeira. E o único caminho seria através da jornada profissional, em que apenas os estudos me levariam a esse objetivo.

Minha madrinha, Erivar, ou tia Vazinha para os íntimos, foi o primeiro grande anjo na minha vida, pois foi ela quem pagou meus estudos em colégio particular. Durante todos os anos, eu inconscientemente me cobrava para ser a melhor aluna. Já no ginásio, recebi inúmeras medalhas pelas melhores notas. No Ensino Médio, sonhava em estudar em um colégio de referência em Fortaleza, pois sabia que isso me ajudaria a passar no vestibular. Mais uma vez, minha tia, meu anjo, me proporcionou essa oportunidade e conseguimos uma bolsa de estudos. Honrei essa chance. No último ano, fiz o teste para as turmas especiais e passei, pois sabia que ali minhas chances de sucesso no vestibular eram maiores. Carregava a pressão de passar de primeira, pois, caso contrário, a pensão que meu pai pagava seria cortada.

Foi nesse ano que me deparei com a primeira decisão importante que garantiria meu futuro: escolher o curso. Eu já percebia minha habilidade em ensinar e ajudar as pessoas, então me inscrevi em Letras e Serviço Social. Mesmo com capacidade para cursos de maior prestígio, segui o que meu coração dizia: ajudar pessoas. A primeira vitória, fruto da dedicação, foi alcançada quando passei em 13º lugar no curso de Letras na Universidade Federal do Ceará.

Logo no primeiro ano de faculdade, meu pai ficou desempregado. Lembro-me de que não tinha dinheiro nem para a passagem de ônibus ou para tirar cópias dos materiais. O segundo anjo da minha vida entrou em cena, meu tio Valdenir, ou tio Dedé. Ele me dava, mensalmente, o equivalente a R$ 50,00 de hoje para que eu pudesse ir à faculdade e comprar o básico de higiene pessoal. Foi nesse período que percebi o quanto era inquieta. Um dia, pensei em como poderia conciliar faculdade e emprego e decidi voltar ao colégio onde estudei para buscar minha primeira oportunidade de trabalho.

Procurei o diretor do colégio e o convenci a me dar uma chance. Comecei a conciliar a faculdade de manhã com o trabalho à tarde e à noite. Porém, a oportunidade era apenas para o período de matrícula. Mesmo assim, criei expectativas. Após quatro meses, tive que lidar com minha primeira frustração: a demissão. Lembro-me de sentar-se na esquina de uma rua e chorar compulsivamente, me perguntando como seguiria em frente.

Após me acalmar, no dia seguinte criei meu currículo e comecei a falar com todos que eu podia. O grande desafio era encontrar algo que pudesse conciliar com minha faculdade diurna. Encontrei uma oportunidade em uma empresa de aluguel de ônibus turísticos, mas teria que trancar a faculdade. Era para atuar no setor administrativo, uma decisão difícil, mas o impacto financeiro naquele momento falava mais alto, então aceitei.

Logo me apaixonei pelo setor comercial e financeiro da empresa. Dediquei-me intensamente, aprendendo tudo o que era possível, sem me preocupar com os horários. Passei por situações de ser assaltada na saída do trabalho, o ladrão levar o celular que ainda estava pagando, e dois dias depois com celular emprestado de minha mãe, também ser assaltada dentro do ônibus lotado. Foi graças a essa dedicação que mais um anjo cruzou meu caminho: Daniel. Após conquistar sua confiança, ele me chamou para uma conversa e sugeriu que eu cursasse Administração, oferecendo-se para pagar 50% da faculdade, pois enxergava um grande potencial em mim. Segui seu conselho sem hesitar. Hoje, Daniel é a minha maior referência de liderança. No meu primeiro dia de aula, ele me presenteou com uma caneta, simbolizando o instrumento com o qual eu assinaria meu diploma no futuro – uma lembrança que guardo até hoje.

Durante quatro anos, me dediquei ao curso de Administração, que foi a alavanca para minha jornada profissional. Sempre fui incansável: trabalhava o dia inteiro, fazia faculdade à noite, participava de grupos de monitoria e liderava grupos de trabalho. Chegava em casa às 22h30 e, todos os dias, minha mãe me aguardava na parada de ônibus, e em casa, minha avó me esperava com a janta pronta.

Nesse percurso, conheci um companheiro e fui morar no Rio de Janeiro, onde finalizei minha faculdade e busquei novas oportunidades, uma delas na Rede Globo, no canal Multishow. Foi uma das maiores escolas profissionais que tive e abriu portas para oportunidades futuras. O que sempre me acompanhava era o desejo de surpreender e aprender. Enfrentei o preconceito por ser nordestina e vivi uma relação de violência psicológica por medo de ter que voltar para Fortaleza, mas nada parava meu desejo de vencer na vida e conquistar meus sonhos. A fé, minha maior herança da minha avó, era minha maior companheira. Eu tinha uma certeza no que estava por vir. O medo não me paralisava; pelo contrário, me impulsionava a fazer dar certo até dar certo. Os estudos e o trabalho eram meus maiores tesouros, eram as únicas ferramentas que eu tinha para alcançar meus sonhos.

Nesse ritmo, antes dos 30 anos, já tinha conquistado o tão sonhado cargo de gestão. Já tinha graduação, curso de analista e pós-graduação na área financeira, auditoria e controladoria, em uma das melhores instituições do país, a Fundação Getúlio Vargas (FGV). Toda minha dedicação aos estudos me levou a lugares e pessoas inimagináveis. A força masculina, a força da caça, foi minha maior aliada com a ausência do meu pai. No entanto, o maior desafio foi lidar com a gestão das minhas emoções e as crenças que trazia da infância, em que marcas existiam e na caminhada eu não dei atenção, pois o foco era alcançar a tão sonhada liberdade, era gritar para o mundo que eu consegui, e que mesmo muitos não acreditando, eu iria superar e vencer na vida.

Lembra a história da pizza? Ela foi um marco importante na minha vida. Minha geladeira poderia estar vazia, mas no freezer sempre havia várias pizzas congeladas. Ver essas pizzas disponíveis representava para mim uma verdadeira sensação de liberdade. Até hoje, saborear uma pizza me traz memórias afetivas importantes.

Foi fácil? Não. Em algum momento pensei em desistir? Várias vezes. Mas o que me fez persistir foram meus sonhos e a enorme vontade de ser uma fonte de inspiração e apoio para os outros. Acredito que é possível ir além e superar qualquer dificuldade com fé e boas escolhas.

Cheguei até aqui e ainda há muito a conquistar. Hoje, ao olhar para minha trajetória, honro meus pais por terem me dado o maior presente: a vida. Embora não tenha tido a família convencional, recebi exemplos perfeitos que me inspiraram a buscar ser uma pessoa melhor a cada dia. Lembre-se: você também pode ir além.

“Aprendi com as dificuldades impostas pela minha vida que contar com minha fé e comigo me levaria onde quer que eu direcionasse o meu propósito.”

Kamila Santos

Lilian Alvarenga

Sou Lilian Alvarenga, casada há 24 anos com Gustavo. Nasci em Niterói/RJ, mas Deus nos guiou para Criciúma/SC. Sou mãe, nutricionista, especialista em Fertilidade, mentora e palestrante.

Cursando Educação Física, pude me apaixonar por nossa fisiologia, mas foi na Nutrição que encontrei minha vocação. Minha jornada com a infertilidade, entrelaçada com minha profissão, me levou a uma missão. Com muita empatia, desenvolvi a Mentoria Mesa Fértil, que une a nutrição com olhar humanizado e o conhecimento científico, com o objetivo de ajudar casais que enfrentam dificuldades para conceber.

Após anos de busca, engravidei naturalmente da nossa filha Ana Luize. Creio que a fé é o nutriente essencial que nos leva a superar os desafios da infertilidade e celebrar a vida.

@nutri.lilianalvarenga

+55 (22) 99716-8793

SUPERE *Seus* LIMITES

@NUTRI.LILIANALVARENGA

16 DA INFERTILIDADE NASCEU UMA MISSÃO

Por Lilian Alvarenga

A busca pela maternidade e o tempo da espera me levaram a uma jornada de autoconhecimento e uma missão de vida. No início do meu casamento, o desejo de ser mãe logo se tornou um desafio. Em cada consulta, exames, sentia um misto de esperança e incerteza. Deus em Sua infinita bondade, nos permite passar por momentos desafiadores para nos transformar. Minha jornada, embora dolorosa, me proporcionou a oportunidade de crescer espiritualmente e me ajudou a conhecer melhor quem eu sou.

A cada exame "normal" minha frustração se aprofundava cada dia mais. Toda minha jornada com a infertilidade me fez perceber o quanto a falta de uma rede de apoio pode ser desgastante para o casal, que investe toda sua energia na busca por respostas.

Um ponto cego que todos ignoram

Meus hábitos de vida me levaram a desenvolver um quadro perfeito que me afastava do meu sonho: vivia estressada, sempre preocupada com os resultados dos exames, a alimentação não era uma das melhores, meu intestino vivia desregulado e a falta de sono de qualidade criavam um ambiente inflamatório e hormonal desfavorável que atrapalhava minha fertilidade. Além disso, a falta de comprometimento com os exercícios físicos era um dilema à parte que me desafiava.

Lidando com o tempo de espera

A cada novo ciclo, eu me agarrava a um fio de esperança, acreditando que um dia meu sonho se realizaria. Mas a dor do tempo da espera era tão grande que, muitas vezes, me sentia sufocada, mas a minha fé em

Deus era o meu principal nutriente para suportar. Posso afirmar que a jornada da infertilidade é solitária e silenciosa, não é um assunto fácil de compartilhar, pelo contrário, muitas vezes me constrangia.

Quando completei cinco anos como tentante, minha irmã mais velha engravidou do seu segundo filho; presenciava várias colegas tendo a felicidade de ter um filho em seus braços. Enquanto elas celebravam, eu me afogava em um mar dos "porquês". Confesso que a dor me ensinou a disfarçar e usar a máscara da perfeição, sempre escondia minha angústia. Nunca imaginei que, em meio a tantas incertezas, a vida me reservasse uma surpresa tão boa. A médica que me trouxe ao mundo, que me viu nascer, era a mesma que agora acompanhava o pré-natal de minha irmã; em uma das consultas pude acompanhá-la e tive a felicidade de conhecê-la. Foi um encontro de grande emoção e de muita esperança.

Quando o diagnóstico chega, a visão é ampliada

A médica me pediu para contar minha história e logo me direcionou para uma série de exames específicos para descobrir a causa da infertilidade, um novo capítulo nesta jornada se iniciava. Eu e meu esposo realizamos todos os exames e, diante dos resultados, o tratamento proposto foi iniciar uma terapia de reposição hormonal. Foram vários ciclos de ajustes hormonais e logo depois nos encaminhou para uma consulta com a especialista em reprodução humana, que por acaso era a filha dela. Agora eu tinha mãe e filha unidas, comprometidas com o meu caso clínico.

O diagnóstico de Infertilidade Sem Causa Aparente (ISCA) chegou e, junto com ele, uma sensação de impotência e incerteza. A médica me fez a proposta da realização da fertilização in vitro (FIV). Confesso que a sugestão era tentadora, mas algo dentro de mim me dizia que precisava entender o que estava acontecendo; foi como um ato de fé, uma crença de que algo maior estava por trás de tudo aquilo. Cheguei à conclusão de que a vida aqui nessa terra, muitas vezes, parece um quebra-cabeça, que só com a ajuda de Deus conseguimos montar e decifrar no tempo certo.

A decisão de não realizar a FIV foi difícil, mas me permitiu me conectar ainda mais com Deus e com o meu corpo de uma forma mais profunda. Na minha opinião, é fundamental que os casais busquem todas as opções que a ciência oferece para realizar o sonho de ter filhos. A medicina reprodutiva oferece ferramentas valiosas para superar os desafios da infertilidade e graças a Deus por isso. No entanto, é crucial não se limitar apenas aos tratamentos médicos. Aprendi na prática que a busca pela gravidez envolve mais do que apenas diagnósticos e tratamentos. É preciso a combinação da ciência com os cuidados com a alimentação, hábitos de vida saudáveis, saúde espiritual, emocional e mental do casal para aumentar as chances de sucesso dos tratamentos.

Um conselho valioso

Quando se encerrou um ciclo de sete anos como tentante, minha médica me aconselhou a conhecer o mundo científico, acredito que ela foi usada por Deus com aquelas palavras. Naquela época, eu era empresária no ramo de moda feminina, e, no mesmo ano, ingressei na faculdade, porém em momento algum abandonei o meu tratamento, de seis em seis meses refazia todos os exames.

A faculdade de Educação Física foi onde consegui adquirir uma base sólida para o conhecimento profundo do nosso corpo. Mas foi na Nutrição que encontrei o meu chamado e se tornou minha grande paixão. A cada conhecimento adquirido, eu me sentia com mais fé e confiante para não desistir do meu sonho. Já nos últimos períodos, realizando estágio na clínica-escola da faculdade, posso dizer que eu fui minha primeira paciente tentante. Participando de congressos, analisando artigos científicos, discutindo meu caso clínico com colegas, professores, inclusive com minha médica, comecei a realizar várias mudanças no meu estilo de vida e principalmente nos meus hábitos alimentares.

A Palavra de Deus é para ser vivida na prática

Durante minha jornada, compreendi que a busca pela maternidade, embora legítima, não poderia se limitar apenas ao plano físico. O texto em 1 Tessalonicenses 5:23, abriu os meus olhos: "Que o próprio Deus da paz os santifique por completo. Que todo o espírito, a alma e o corpo de vocês sejam preservados irrepreensíveis na vinda do nosso Senhor Jesus Cristo".[1] As fertilidades espiritual, emocional e física são interligadas.

Quando o milagre chega

No total, foram catorze anos como tentante, uma eternidade para quem sonha em ser mãe. Somente quando consegui equilibrar meu espírito

1 BÍBLIA Sagrada. Nova Versão Internacional (NVI). Rio de Janeiro: Thomas Nelson Brasil, 2017.

com Deus, minha alma com a paz e meu corpo com a saúde integral, utilizando de estratégias nutricionais específicas para fertilidade, consegui experimentar uma transformação profunda. Após três meses dessas mudanças, consegui me desintoxicar.

Em um dos exames de rotina, meu corpo revelou a presença de um pólipo endocervical; o detalhe é que antes de toda mudança na minha saúde, nenhum exame anterior havia apresentado esse pólipo. A indicação médica foi uma cirurgia para a retirada. Agora, me encontrava em mais uma oportunidade de superar meus limites, pois a cirurgia foi realizada dentro de uma maternidade. Foi como um teste de fé, cada passo dentro daquele lugar que pulsava vida era um lembrete para não desistir. Depois de seis meses, de toda essa reviravolta na minha saúde, o meu **positivo** chegou e senti uma gratidão imensa em meu coração, engravidar naturalmente foi um presente de Deus, senti como uma recompensa por toda a minha fé e determinação.

Ouvir dois corações batendo em meu corpo era a prova de que a esperança nunca se apaga. O parto, realizado por duas médicas, mãe e filha, que me acompanharam nessa jornada, teve a presença do meu esposo na sala de parto, foi o melhor dia da minha vida. Ouvir o choro e sentir minha filha cheia de saúde em meus braços foi como ouvir Deus falando: "Filha, você foi aprovada e em todo o tempo estive contigo!". O nome da minha filha é a definição dessa jornada, Ana Luize significa "a lutadora cheia de graça". Sim, eu lutei com toda minha fé e obtive a graça de Deus, para honra e glória do nome dEle.

Minha missão gera fertilidade

Precisei de um tempo para enxergar que Deus havia entrelaçado minha história de vida com minha profissão. Após anos trabalhando como nutricionista clínica, ajudando famílias a obterem uma vida mais saudável, pude perceber que a minha missão aqui ia além. A infertilidade me marcou profundamente, deixando cicatrizes que jamais se apagarão, no entanto, nada na nossa vida é por acaso, minha jornada me conduziu a um propósito maior: inspirar casais, ajudá-los a redescobrirem a esperança, desvendar os pontos cegos no processo da busca pela maternidade.

Ao assumir essa missão, precisei abrir mão dos meus medos, dos meus próprios planos e me entregar completamente à vontade de Deus, sem argumentos, sem reservas. Tenho certeza de que toda a minha formação acadêmica foi um presente divino, uma ferramenta para cumprir a missão que Ele havia me confiado. A cada passo dessa jornada, sinto a presença de Deus me guiando e aumentando minha fé para acolher e auxiliar casais a conceberem filhos saudáveis. Ao cumprir minha missão, estou construindo um legado de saúde para as próximas gerações. É por graça e misericórdia que todos nós temos a oportunidade de cooperar com Deus em Seus planos. Nos rendermos à Sua vontade e permitir que Ele opere em nossas vidas e através de nós, gera uma paz que transcende o entendimento.

Uma mentoria para gerar vida e esperança

As estatísticas apontam que a infertilidade afeta 1 a cada 6 casais, mas isso não precisa ser uma sentença. Cada história de infertilidade é única, mas um objetivo comum nos une: o sonho de gerar um filho saudável. Baseado na minha experiência pessoal e evidências científicas, criei a Mentoria Mesa Fértil, repleto de empatia, que equilibra os pilares da nutrição integrativa, com o emocional e o espiritual, fundamentais para engravidar.

Como especialista em fertilidade, minha jornada transcende a mera concepção. Acredito na importância de prevenir doenças desde as primeiras fases da vida, garantindo que cada bebê nasça com a melhor saúde possível para cumprir seu propósito no mundo. Através de palestras, compartilho minha jornada e conhecimento para ajudar casais e profissionais da saúde. Juntos, podemos mudar essa estatística.

Agradeço por ter dedicado alguns minutos do seu dia para essa leitura, gostaria muito de receber sua mensagem me contando como foi conhecer minha história e meu trabalho. Acompanhe-me nas redes sociais e faça parte dessa transformação!

Que Deus abençoe sua jornada e até breve!

“O tempo da espera é um convite para a transformação, sendo a fé o nutriente essencial que nos fortalece para gerarmos a vida no momento certo.”

Lilian Alvarenga

Créditos: @iluminar.pmstudio.

Lorena Lima

Meu nome é Lorena Lima, tenho 32 anos e moro em Belo Horizonte/MG. Sou terapeuta ocupacional, mentora e idealizadora do projeto de mentoria Sucesso com Propósito, que visa o crescimento profissional e pessoal e a mudança de mentalidade para auxiliar na construção do sucesso. Também sou palestrante, escritora e CEO da LL Ativamente, a primeira empresa em BH a oferecer serviços exclusivos de Terapia Ocupacional na Saúde do Idoso, no domicílio do paciente.

A construção do meu sucesso não aconteceu de repente. Nesse processo, enfrentei grandes desafios na vida pessoal e profissional. Por meio deste capítulo, quero lhe inspirar a iniciar a construção do seu sucesso com propósito, para que sua vida também mude em todos os aspectos.

lorenaterapeutaocupacional

+55 (31) 99585-1279

llativamenteto@gmail.com

17 O SUCESSO NÃO ACONTECE POR ACASO

Por Lorena Lima

Como nada na vida acontece por acaso, o sucesso também não. E na minha trajetória não foi diferente. Corro atrás dele diariamente, e hoje me considero uma profissional e uma pessoa de sucesso. Quando digo que sou uma pessoa e profissional bem-sucedida, pode ser que, a princípio, você pense em alguém com muito dinheiro ou riquezas. Quero revelar que, para alcançar o seu sucesso, é necessário um ideal muito mais elevado do que simplesmente acumular riquezas. Ao longo deste capítulo, você entenderá melhor o que estou expondo.

Desde a adolescência, sempre admirei pessoas consideradas "bem-sucedidas". Sempre que tinha oportunidade, queria conhecer melhor a história de vida dessas pessoas e descobrir sua trajetória rumo ao sucesso. Além disso, sempre fui o tipo de pessoa que fechava os olhos e me imaginava, em vários momentos do dia, realizando sonhos que pareciam impossíveis naquele momento. Sempre sonhei em ser bem-sucedida na profissão que escolhesse.

Nunca tive grandes ambições focadas em "ter muito dinheiro", e até hoje penso assim. No entanto, descobri um desejo ardente por evolução, autoconhecimento, crescimento e sucesso. Hoje, sei que todas as oportunidades que tive e tenho vêm dessa busca e de algo revelador, que também transformará sua vida. Comecei a trabalhar muito cedo, aos 16 anos, quando tive minha primeira oportunidade como estagiária na prefeitura de Belo Horizonte. Desde então, nunca mais parei de trabalhar.

Na construção da minha caminhada profissional e pessoal, não tenho uma história de vida triste ou muito sofrida, e sou muito grata por isso.

Mas já passei por muitos momentos que exigiram de mim resiliência, decisões difíceis, encerramentos de ciclos e recomeços. O que mais me orgulha na minha trajetória é saber que tudo o que conquistei até hoje, desde meu primeiro emprego como estagiária até me tornar fundadora da minha empresa, foi fruto de muita dedicação, força de vontade, renúncias e estudos. E claro, até chegar à criação da LL Ativamente, se passaram quase dez anos de formada, subindo pequenos degraus e dando grandes passos rumo ao sucesso.

Meu maior desejo com esta escrita é que ela atinja o maior número possível de pessoas ao redor do mundo. Espero que, ao finalizar este capítulo, você se sinta, ao menos, tocada, incomodada, inspirada e motivada a alcançar o "seu sucesso". Vou apresentar três etapas que podem lhe ajudar a alcançar o seu sucesso, exemplificando cada uma com um pouco mais da minha história.

A primeira etapa é descobrir o que você gosta de fazer, identificar suas habilidades e colocar isso em prática (**ação**). Nessa fase da minha vida, nunca tive dúvidas quanto à escolha da minha profissão. Sempre tive uma certeza inexplicável de que iria atuar e prosperar na área da saúde. Mas não basta apenas ter me tornado terapeuta ocupacional; estou sempre em busca de novos aprendizados e conhecimentos, tanto para meus pacientes quanto para a evolução da minha empresa e o sucesso dos meus mentoreados. Agora, como escritora, espero também contribuir com você, que está lendo este capítulo.

Resumindo a primeira etapa: descubra o que você gosta de fazer. Caso não saiba, reze, mentalize-se feliz e realizada na sua escolha e peça orientação. A resposta virá. A mente tem um poder incrível e pode facilitar a conquista do seu sucesso. Aposte nisso.

A segunda etapa é se especializar, escolher em qual área irá atuar, destacar-se e prestar um serviço de excelência. O objetivo é que, sempre que alguém precisar de algum serviço na sua área, lembre-se de você. Esta etapa da minha vida profissional foi marcada por incertezas, diferente da escolha da profissão. Após três anos de formada, senti a necessidade de me especializar, mas me via perdida, pois atuava em duas áreas opostas: infantil e gerontologia. Decidi ouvir meu coração e escolhi ser terapeuta ocupacional que atua na saúde do idoso. Logo, me inscrevi na minha segunda pós-graduação, agora focada na gerontologia, em busca de conhecimento além da graduação.

A busca pelo sucesso é incessante. Lembro-me que meu maior sonho, ao decidir atuar nessa área, era ser conhecida e referência na minha cidade. Quase sete anos depois, atuando exclusivamente na saúde do idoso, hoje quero ser reconhecida não só na minha cidade e estado, mas em todo o Brasil. Quero que minha empresa seja referência em seus serviços. Perceba como, quando sua mentalidade muda, a busca por desenvolvimento pessoal e sucesso não tem fim, apenas começo.

A terceira e última etapa é a mais importante. Começo com uma pergunta: A conquista do seu sucesso beneficia apenas você? Nessa etapa, é essencial refletir sobre isso, pois o seu sucesso não deve ser egoísta; deve servir e beneficiar a humanidade. Compartilhando mais da minha história, descobri que meu propósito de vida, além da busca pelo meu sucesso e desenvolvimento pessoal, também está em servir, fazendo a diferença na vida de cada paciente que atendo. Quero proporcionar mais qualidade de vida e envelhecimento saudável, acolhimento para as famílias e auxiliar o maior número possível de pessoas por meio também dos meus serviços digitais, como palestras, mentorias, treinamentos, este capítulo e os serviços especializados da minha empresa.

Com certeza, no processo de servir e cuidar, também estão incluídas todas as pessoas que fazem parte da minha vida pessoal, minha família, meus amigos, meus pais, minha irmã e meu namorado. A descoberta do meu propósito de vida aconteceu após anos de terapia, estudos, evolução espiritual e uma busca contínua por autoconhecimento. E lhe afirmo com muita segurança: descubra qual é o seu propósito de vida. Essa descoberta facilitará muito sua caminhada e lhe trará clareza sobre quais serão os próximos passos. Quero ressaltar que não existe sucesso sem paz de espírito. Lembre-se disso.

No início do capítulo, disse que iria revelar algo que, assim como transformou minha vida, também transformará a sua, lembra? Considerando as três etapas acima para o sucesso, quero evidenciar o poder espetacular que sua **mente subconsciente** tem. Ela sustenta todas as etapas nessa busca. A mente humana é uma das ferramentas mais poderosas que possuímos. Através de uma mente forte e poderosa, podemos transformar sonhos em realidade, superar desafios e moldar nosso futuro de acordo com nossas aspirações. Foi essa a minha virada de chave para mudar meu destino rumo ao sucesso.

Você pode estar se perguntando qual é o seu primeiro passo, e tudo começa com um simples pensamento. Sim, o poder de pensar positivamente e ter pensamentos construtivos impulsiona suas ações em direção ao sucesso. A quebra de crenças limitantes também é um processo necessário para desenvolver uma mentalidade forte e positiva. Muitas vezes, nossas crenças e o medo do fracasso podem paralisar nossas ações, impedindo-nos de alcançar nosso potencial máximo.

Vivi isso por muitos anos, pois o medo frequentemente me paralisava, fazendo-me acreditar que não daria certo e gerando uma insegurança absurda em vários projetos. Mas hoje vivo uma realidade diferente, pois decidi e entendi que o poder de transformar minha realidade e meus pensamentos está em minhas mãos. Reforço diariamente o poder e o hábito de criar pensamentos positivos e intenções claras para transformar cada vez mais minha vida e alcançar o tão sonhado sucesso.

À medida que mudanças ocorreram em minha vida pessoal e profissional, aprofundei meus estudos sobre o cérebro, a mente subconsciente e tudo relacionado ao poder da mente. Assim, resolvi associar meus estudos, meu conhecimento prático, através da mudança em minha vida, ao meu propósito de vida, que é servir, e criei a tão sonhada mentoria Sucesso com Propósito.

Essa mentoria é voltada para a reprogramação mental, autoconhecimento, empoderamento, criação de uma mentalidade empreendedora, próspera e positiva. Uma mentoria que vai libertar você de crenças limitantes e proporcionar crescimento pessoal e profissional. Ela foi criada para ser o ponto inicial do seu sucesso, e estou aguardando você para, juntos, construirmos uma mente forte e próspera. A transformação e reprogramação da sua mente e dos seus pensamentos levarão você a alcançar o seu tão sonhado sucesso.

Quero lhe lembrar de que existe uma diferença enorme entre querer e decidir. Não basta apenas querer uma "vida nova", um emprego melhor, uma mente mais próspera e sucesso. Querer, todo mundo quer, e muitas vezes querem várias coisas. Mas apenas querer é suficiente? Sinto lhe informar que não. Se você só quer algo, não vai conseguir. Mas, se você tem clareza do que realmente deseja, então você **decidiu** suas prioridades e em quais projetos e mudanças colocará sua energia. Por isso, dentro da minha rotina semanal e mensal, anoto em um bloco de notas todas as metas e tarefas diárias e mensais para alcançar o que decidi.

Agora, quero lhe dar um conselho para construir sua nova realidade: comece mudando seus hábitos ruins, seus pensamentos autossabotadores, criando o hábito de pensar positivamente assim que acorda e se aproximando de pessoas que têm propósitos semelhantes aos seus. Faça isso e perceba o salto que sua vida dará. Para os olhos de quem vê de fora, tudo parece acontecer como um passe de mágica. Todos os dias, lembre-se: sua mentalidade determina a sua realidade.

Gostou deste capítulo? Agradeço imensamente por fazer parte dessa jornada comigo. A história não precisa acabar aqui! Siga-me nas redes sociais para mais conteúdos, *insights*, bastidores, e claro, para fazer parte da minha mentoria. Juntos, podemos mudar a sua realidade. Espero lhe encontrar lá.

“

Transformando sua mentalidade, você transformará sua realidade.

Lorena Lima

”

Mallu Mattos

Sou Maria Lucia Meneses Mattos, 40 anos, nasci e resido em São Paulo/SP com meu marido Everaldo e nossos filhos: Lucca, Paola e Georgia.

Minha experiência é de palestrante e mentora focada em vendas digitais, desenvolvimento e *coach* para mulheres que desejam empreender. Atuei por doze anos no segmento bancário, tanto para pessoa física quanto para pessoa jurídica.

Claro que a minha vida, como a de cada uma de vocês, não foi sempre rosas, creio que isso nos ajuda a amadurecer e criar forças para conseguir passar pelos piores momentos com mais sabedoria e discernimento.

Aqui contarei um pouquinho de cada um deles e espero que possa inspirá-la a buscar sempre a mulher poderosa que existe dentro de você.

mallumattos44

+55 (11) 97306-8608

mariammattos

mariamarialucia@yahoo.com.br

SUPERE *Seus* LIMITES

18 FORÇA INVISÍVEL: A JORNADA DE UMA MULHER PODEROSA

Por Mallu Mattos

Infância

Eu sou a Mallu Mattos, cresci na comunidade da Caixa D'água, no bairro Cangaíba, zona leste de São Paulo. Tenho muitas histórias e me orgulho de todas elas, pois foram elas que me ajudaram a realizar diversos sonhos, dos mais simples aos mais valiosos. Durante esse capítulo contarei algumas e tenho certeza de que várias de vocês poderão se conectar com algumas delas.

Passei por inúmeras dificuldades, infelizmente vi muitos jovens se perderem para as drogas e a violência e meninas adolescentes tornando-se mães. O que me fez seguir por um caminho diferente foram os valores passados pelo meu pai, João de Souza Mattos. Ele nunca me deixou desistir de nada, sempre me acompanhou em eventos noturnos quando fui dançarina; nas corridas, quando eu disputava todo Dia da Independência; me levava nos campeonatos de futebol feminino; ele foi e sempre será meu herói. Ele criou quatro mulheres, digo isso por que tenho três irmãs e minha mãe; como eles casaram quando ela tinha 14 e ele 44, ele acabou sendo pai de todas nós.

Morar na comunidade não era fácil, lidávamos com a violência todos os dias, "nóias" nas vielas e traficantes vendendo drogas e contando dinheiro com suas armas na mão. Uma das piores fases foi quando nossos vizinhos que faziam parte de uma facção alugaram uma de suas casas a uma família que passou a fazer ligações para a polícia e denunciar tudo aquilo que acontecia na comunidade, só que em nome do meu pai, seu João de Souza.

Em um belo dia, a polícia chegou e levou armas, dinheiro, celulares e drogas, e eles passaram a ameaçar minha família por alguns anos, pois todos entenderam que o meu pai era quem ligava para denunciar. Essa fase foi a mais difícil que vivemos, mas graças à nossa fé sempre muito grande em Deus sobrevivemos, pois tiveram famílias que por menos perderam suas casas e até mesmo suas vidas.

Minha família é simples, mas somos mulheres de caráter e muita garra. Minhas irmãs Mileide e Josileni são grandes mulheres que cuidam de seus filhos praticamente sozinhas; minha mãe Josefa de Meneses tenta dar suporte a todas no que pode. Sempre fomos unidas, mas após a morte do nosso pai, aos 74 anos, em 2012, ficamos muito mais, porque nos sentimos perdidas e sem proteção, vivendo em uma comunidade onde a lei para mulheres sozinhas não faz diferença.

Fui uma menina peralta, jogava bola, empinava pipa, jogava bolinhas de gude com os meninos, pula-sela, carrinho de rolimã, entre outras brincadeiras da época, inclusive caí de uma laje ao empinar pipa, quebrei o queixo e tenho uma cicatriz até hoje. Mesmo sendo essa moleca, sempre tive responsabilidade nas horas que precisava e não tenho vergonha de contar que, para buscar o sustento da minha família, eu sempre estava nas feiras da região onde morávamos, esperando terminar o movimento para pegar o que sobrava das barracas e levar para a casa para alimentar a todos. Fiz isso muitas vezes e posso dizer a vocês que eu não sentia vergonha, mas meus amiguinhos da escola caçoavam de mim, vendo eu pegar restos de feira.

Amadurecimento

Neste momento da minha vida, um bom exemplo que posso trazer para vocês foi de começar a trabalhar muito cedo. Com 14 anos, já estava exercendo o cargo de vendedora em uma loja de importados e trabalhava muito das 7h às 22h. Foi aí que um dos meus sonhos foi realizado. Quem não se lembra dessa época, de querer comprar um tênis, uma roupa de marca etc. Pois é, o meu era um tênis da Nike dourado com a sola preta. Consegui, poderosas.

Moldando-me

Comecei a trabalhar na loja Leila Bertelli, que vendia móveis e decorações; era chique demais, em um dos bairros mais luxuosos da Zona Leste. Só que, para mim, o melhor não eram os produtos, e sim a Leila, uma mulher poderosa, que me ensinou a me comportar, a me vestir conforme o lugar que frequentava, a falar de maneira correta. Em vários momentos da minha palestra, eu digo que se não estivermos preparados para ouvir, soará como crítica, mas eu, sedenta por aprendizado, queria cada vez mais aprender com Leila.

Um momento muito engraçado é que eu tinha a mania de falar "seje". Eu me lembro dela sempre me corrigindo: **"Não é seje, é seja!"**. Trabalhei durante quatro anos e não foram só com ensinamentos que a Leila me ajudou. Ela abriu as portas do sonho do meu pai e meu também, me indicando para trabalhar no banco. Gratidão, Leila Bertelli, Wagner, Leticia e Mariana, por todo carinho e ensinamentos.

Nosso sonho

Um dos maiores sonhos do meu pai era que eu trabalhasse em um banco, e como escrevi anteriormente, a Leila me ajudou muito, mas não foi fácil. Insistimos muito por mais de seis meses e isso só aconteceu graças a insistência dela e a minha. Iniciei a minha trajetória bancária em 2011 e permaneci nela por doze anos.

Com esse trabalho, realizei diversos sonhos, acho que o maior deles foi o da casa própria. Pude também viajar, comer em lugares diferentes, sempre através do meu esforço e garra de fazer meu trabalho bem-feito. Com esse legado, trago até hoje pessoas incríveis, que se tornaram meus amigos e também relacionamentos profissionais.

Relacionamentos pessoais

Como toda mulher que sonha em se casar e ter uma família, realmente isso aconteceu comigo. Vivi momentos inesquecíveis casada, rodeada de amigos, minha casa vivia cheia, tinha dias que estávamos em mais de 25 pessoas em um apartamento de 48 m².

Em 2018, nasceu o amor da minha vida Lucca. Fiquei apenas dois anos casada e, com isso, descobri que verdadeiras amizades não estão na quantidade, e sim na qualidade. Nunca coloquei minha família em primeiro lugar, vivia pela felicidade dos outros, e em festas e viagens com amigos e tudo mais. Quando me separei, só queria saber do Lucca e me divertir em viagens, para fugir da realidade de problemas que o casamento me trouxe. Isso me trouxe um amadurecimento como mulher, mãe e o que de fato é uma amizade verdadeira.

Despertar do empreendedorismo

Não sei explicar em detalhes, mas dentro de mim existia uma grande vontade de empreender, então comecei a estudar sobre vendas online, cursos do mercado digital, cursos de rede social, cursos de oratória, entre outros.

E como o universo sempre conspira em nosso favor, em junho de 2022 recebi uma notícia que não esperava por sempre ser comprometida e ter batido metas: fui demitida. Deus é tão bom que, antes da demissão, já havia preparado algo para que eu não fosse pega de surpresa. É aqui que começo a perceber as mãos de Deus na minha vida, pois logo em seguida tudo começou a acontecer com uma velocidade inexplicável. Criei minha mentoria, *sites* de vendas, vendas on-line, cheguei a vender em uma plataforma digital mais de R$ 108 mil em quinze dias. E aquele salário que eu achei que era bom para mim, começou a se tornar muito pouco em relação a tudo que eu estava conquistando. Uma das maiores riquezas para quem empreende é a qualidade de vida, pois era eu que administrava meus horários, e com isso, ganhei mais tempo com meu filho Lucca.

Mãe solteira

É muito fácil, diante de todos os desafios de ser mãe solteira, perder o foco, desistir, não ter ânimo, não saber as prioridades, e a vida de empreendedor tem muitos altos e baixos. Lembro-me de não ter o dinheiro para pagar aluguel, contas fixas, e quando passamos por esses momentos, pensamos muito nas consequências e tomamos algumas decisões erradas. Eu, por exemplo, tive de pedir dinheiro para agiota para sobreviver, isso acaba se tornando uma bola de neve de endividamento, fica cada vez mais alto, mas mesmo assim eu não deixei de perseverar e seguir as minhas intuições. Meu filho é minha prioridade e eu trabalhava mais que dobrado para conseguir sustentá-lo. A vida de mãe solteira é muito desafiadora, mas não tem preço aquele sorriso quando você chega em casa, busca na escola ou na casa de familiares. Portanto, **desistir** não faz parte das minhas opções.

Carta para Deus

Essa história é a última, mas não é a menos importante. Aqui começa um dos meus maiores testemunhos de que não sabemos pedir as coisas para Deus ou não acreditamos que somos merecedores de algo bom, do jeito que realmente queremos. No dia 13 de julho de 2023, eu estava em casa chorando por uma conquista e não tinha ninguém para compartilhar. Naquele momento, ajoelhei e comecei a conversar direto com Deus, peguei caneta e papel e **descrevi**, do começou ao fim, o tipo de parceiro que eu desejava para mim. Terminei a carta e coloquei dentro da Bíblia que eu tinha na sala. E assim segui minha rotina sempre corrida de mãe e empreendedora.

No dia 2 de agosto de 2023, estava indo para o metrô Vila Matilde com destino ao Brás, para buscar mercadoria para entregar para as minhas clientes. Parei no bar, ao lado do metrô, para tomar meu café como sempre fiz, mas olhei no relógio e já estava tarde. Peguei apenas o café preto e segui para a catraca do metrô; ao tentar passar na catraca, o *QR Code* do bilhete não lia, tive a sensação de alguém tirar o copo de café da minha mão. Eu, assustada, olhei para trás e me deparei com um homenzarrão de quase 2 metros falando que iria segurar para eu passar. Pensei: "Um homem gentil na catraca do metrô?". Pois é, poderosa, não só gentil; dentro do vagão, ele me indicou um livro, e para fechar os primeiros passos de quando se conhece alguém, me levou para jantar em um restaurante maravilhoso da zona central de São Paulo. A partir deste momento, nunca mais nos desgrudamos; três meses depois estávamos morando juntos e compartilhando nossos melhores momentos e nossas vidas.

Então, poderosa, se você deseja algo muito forte no seu coração e ainda não conseguiu, escreva detalhadamente sua carta para Deus! E desfrute do melhor que Deus tem para sua vida e para todos nós. Hoje vivo uma vida de crescimento ao lado de uma pessoa que se importa, que me admira. Tenho muitos sonhos a serem realizados, alguns deles estão acontecendo enquanto escrevo esse capítulo e espero que o próximo seja um livro completo, em que escreverei todos os sonhos que serão realizados a partir de agora, pois aprendi a ouvir os sinais de Deus e viverei intensamente para Ele, por Ele e por mim, pois sou **poderosa**.

"Poderosa do meu coração... Se você quer, você faz! Bora comigo?"

Mallu Mattos

Márcia Souza

Mulher, filha e esposa de Robson Ribeiro, pastora, psicanalista e mentora do projeto Ame-se, um trabalho de resgate da essência da mulher. No ano de 2017, enfrentando uma depressão, e como forma de me levantar, não tranquei o curso teológico. Após uma aula sobre o mover de Deus, fiz uma oração na qual queria saber aonde Ele iria se mover, pois queria fazer parte, e a resposta foi: "Estude a mente e faça um trabalho com mulheres, quero integrar espírito, alma e corpo". E fui.

Foram processos difíceis, doloridos, mas de muita cura, e hoje, além de ser pastora de uma igreja local, me dedico a guiar mulheres que buscam não apenas a própria cura, mas também curar e inspirar outras mulheres. Porque uma mulher curada e guiada por Deus é imbatível!

marciasouza.ps

+55 (81) 98638-5370

SUPERE *seus* LIMITES

19 DESCUBRA SUA ESSÊNCIA E ENCONTRE SEU PROPÓSITO

Por Márcia Souza

O que são limites? "Linha ou ponto, real ou imaginário entre duas coisas, divisa, fronteira", segundo o dicionário de Caldas Aulete.[1] Mas o que foi superar esses limites para mim? Eram limites que nem sabia que tinha e que estavam bem escondidos no meu inconsciente, como um inimigo que não se vê, mas que está ali para paralisar o seu propósito, o que você veio fazer nessa terra. E tudo começou da seguinte forma, para que superasse as montanhas que eu nem percebia que tinha, esteve sempre ali, mas foram necessários desafios para que tudo pudesse mudar.

Sempre tive a curiosidade, desde criança, em saber o que estava fazendo aqui na terra e achava tudo sem sentido. Mas percebi com a minha experiência que seu desígnio está atrelado a quem você é. A pergunta sempre foi: O que estou fazendo aqui? Mas eu deveria perguntar: quem sou eu? Essas são perguntas profundas, mas as respostas que definem nossa existência, mesmo que pareçam simples, não são fáceis encontrar.

Por muito tempo, corri do sofrimento e busquei maneiras de evitar frustrações. Descobri que talvez por isso havia um apego meu a histórias românticas e novelas serviam como uma forma de me anestesiar da realidade. No entanto, conheci Jesus e me converti ao Evangelho, fui inundada pelo amor dEle, a alegria desconhecida penetrou minha alma como uma flecha, trazendo esperança e uma fome insaciável pela palavra de Deus, mergulhei de cabeça nas coisas do Senhor. Nesse período, já estava casada, mas não tinha filhos, pois desejava ter após me formar e com isso buscava o propósito em Deus, mas nada de achá-lo, na minha limitada visão.

1 CALDAS Aulete. *Dicionário escolar da Língua Portuguesa*. Rio de Janeiro: Lexikon, 2012.

Neste período de busca, as pessoas ao meu redor começavam a apontar dons que eu não conseguia reconhecer, e palavras proféticas que foram liberadas sobre mim, mas eu as ignorava, convencida de que não eram para mim; queria apenas ajudar a obra, mais nada.

Vim de uma família marcada por constantes lutas e dores, ouvia frequentemente que "nascemos para sofrer". Meu pai abandonou a minha mãe várias vezes e a deixou com quatro filhos pelas amantes, morávamos de favor em um quarto na casa dos meus avós e quando meus pais se reconciliavam, continuávamos naquele minúsculo quarto. Meu pai, na minha adolescência, acabou falecendo nos braços da amante, chamando por minha mãe, e a revolta foi grande em mim. Mas, apesar de tudo, eu era uma garota sonhadora, sim, só que não me via como alguém com direito a viver esses sonhos, no entanto, o Evangelho lhe informa o contrário.

Aos poucos, Deus foi sarando minha alma, e eu não imaginava as coisas que tinha nela, ia melhorando à medida que eu ia me aprofundava nele. Comecei a crer, ter esperança e que tudo o que eu o pedisse o Senhor faria. As respostas das orações chegavam rápido, era fantástico, mas nesse período não entendia nada sobre soberania de Deus. O fato de minha mãe ter ficado viúva nos uniu muito e, após meu casamento, ela sempre me pedia para ter um filho para ela cuidar antes de morrer, porque dizia que iria morrer cedo. E, de fato, aos 59 anos, após uma cirurgia de ponte de safena, minha mãe teve um AVC e faleceu.

Meu mundo caiu, não só porque minha mãe havia morrido, mas por ter orado e Deus não ter atendido a oração mais importante que havia feito até aquele momento. Fiquei muito decepcionada, mas ainda amava a Jesus e não conseguia mais estar longe da sua presença, e assim os anos foram passando. Agora, o desespero era para engravidar; me sentia culpada por não ter dado esse prazer a minha mãe e comecei desenfreadamente a tentar engravidar, e nada. Passei a buscar ajuda médica, mas nada ocorria, e quem está lendo esse livro e já passou por essa luta sabe como esse processo é dolorido. Mas continuava a crer e nada acontecia.

Ao mesmo tempo que estava nessa busca, o ministério pastoral se consolidava, e em 2016, eu e Robson, meu marido, ficamos à frente de uma igreja, e as lutas triplicaram, porque o ministério não era filiado a nenhuma convenção e fomos na raça. No ministério, fazíamos tudo; ao mesmo tempo que sentia alegria, estava frustrada por não ter concebido um filho ainda, e, detalhe, não podia me dar o prazer de comprar nada, pois havia saído do meu trabalho para trabalhar na obra de forma integral. Devido à pressão que passei, tive um esgotamento mental com crises de ansiedade, em que cheguei a passar trinta dias sem conseguir dormir, nem com medicamentos, e as poucas vezes que cochilava, tinha ataques de terror noturno que me assustavam profundamente.

A situação desencadeou para uma depressão e compulsão alimentar, cheguei a estar mais de 20 kg acima do peso, e ficava sem entender por que tudo aquilo estava ocorrendo comigo. Que Deus é esse? Foi necessário fechar o ministério; com esse fechamento, me senti mais fracassada ainda, incompetente. A gravidez que nunca chegou, a morte da minha mãe e durante muito tempo crendo que "crente não vai a psicólogo, que ansiedade era falta de fé, que quem toma remédio não se posiciona". Cheguei a ouvir palavras absurdas de líderes, poucos tinham compaixão, e eu me sentia muito mal por isso, por não conseguir ser o que quase todos diziam que eu deveria ser. Afinal, o que há de errado comigo, Deus?

A verdade é que Deus não erra e nunca errará. Com tantas lutas, finalmente busquei ajuda no consultório de uma psicóloga. Ao relatar meus problemas, ela me fez uma pergunta impactante: "Você tem certeza de que é a quarta pessoa da Trindade?". Essa frase me chocou profundamente. No início, estava revoltada, mas, com o tempo e as sessões terapêuticas, as feridas foram aparecendo e sendo cuidadas. Feridas ignoradas e não tratadas são o terreno que os inimigos invisíveis procuram para bloquear um destino.

Durante esse período, cursava teologia, o que me ajudava muito a me manter lúcida. Apesar de estar doente e com o ministério falido, Deus permanecia enviando palavras proféticas sobre o ministério e também para trabalhar com mulheres, mas estava incrédula por me sentir uma incompetente. Em uma aula impactante sobre missões, fiz a seguinte oração: "Deus, quero estar onde há o Teu mover, me mostra". Quase audivelmente, ouvi: "Estude a mente humana". Dias depois de me consagrar, outra resposta chegou dentro do ônibus que peguei, através de uma passageira: que Deus estava me convocando a trabalhar com mulheres. Então, comecei a ver esperança, afinal, apesar da minha incapacidade, Deus me queria. Muito alegre, resolvi organizar o projeto e fui até a casa de uma grande amiga contar. No entanto, após explanar o que Deus havia me dado, essa pessoa disse que a falta de filhos e o fechamento do ministério eram resultado da minha rebeldia e da falta de alinhamento com Deus e que era por isso que eu não engravidava.

Não posso negar, essa frase foi a pá da minha cova naquele momento, que dor eu senti! Como Deus podia pensar isso de mim? Por que Ele não me falou o que eu estava fazendo de errado? Humilhada, injustiçada, abandonada por Ele e por todos, foi esse o sentimento que invadiu a minha alma. Eu pensava: "vejo mulheres que se drogam e têm filhos, não estão na Sua casa e têm seus bebês, que já abortaram e tiveram uma nova chance e eu não tenho essa graça por falta de alinhamento? Que Deus é esse?".

Chorei por dois dias, uma indignação contra Ele, e eu disse: "Deus, não sou palhaça! Quem está falando comigo é você ou o diabo?" A resposta veio claramente, como um vento no meu quarto: "Filha, você me conhece de Gênesis a Apocalipse, mas a minha voz e o que coloquei dentro do seu ser, você não conhece". Com uma indignação e com o resto de força que tinha, pois pensei em me matar, falei: "Pois agora vou conhecer as duas coisas, tu me desafiaste". Daquele dia em diante, me levantei e comecei um profundo processo de autoconhecimento.

Nessa jornada, identifiquei as feridas que estavam afetando minha visão, percebi que meu feminino era ferido, que havia me tornado uma mulher salvadora e, por isso, cheguei a achar ser "a quarta pessoa da trindade" sem querer. Percebi meus pontos fortes e as vulnerabilidades conhecidas, reconheci como detectar e tratar a baixa autoestima e o perfeccionismo e usei todo esse conhecimento e jornada no projeto Ame-se e Cura e Autocura, o Despertar Interior. Nesse despertar, vi que os desafios e dores não vieram para me destruir, mas para me fortalecer. Eu me apaixonei pela minha essência, por saber quem sou de fato, como Deus me fez, as habilidades que tenho, não o que as pessoas e a religião dizem, e passei a integrar esses conhecimentos no espírito, alma e corpo, com o propósito de ajudar outras mulheres a se curarem. Aprendi a me amar, a perdoar-me e a superar limites, descobrindo assim o meu verdadeiro propósito. E você, está disposta a trilhar essa jornada para viver o seu propósito?

Sua essência é única, exclusiva, dada por Deus, e ninguém pode tirar ela de você. A única forma de não viver é a falta de conhecimento, por isso perecemos nas mãos de pessoas, sistemas, sem saber a bênção que é ser você mesmo, não existe outra igual a ti. Hoje ouço a voz do meu Pai com precisão, quanto mais cura interior chega, mais a voz dele é nítida. E o sentimento de incapacidade deu lugar à coragem e ousadia que existem dentro de cada um de nós, basta saber o caminho para acessar, e eu posso lhe ajudar nessa jornada.

Essa foi uma das muitas superações que tive e elas me fizeram reconhecer que mesmo quando não entendia, já superava esses limites, e isso é para todos que desejam viver o seu destino. Saiba, não existe viver o propósito sem saber de fato quem se é, é isso que irá ser a base para que ele se estabeleça e dê as direções necessárias para onde se deve ir.

Não engravidei, mas isso não é mais dolorido para mim. Não tem uma pessoa a qual Deus manda impor as mãos para orar que não engravide, e isso me deixa feliz demais! A tal amiga que me falou aqueles absurdos, claro, hoje não é mais amiga e, de verdade, não queira pessoas assim do seu lado. Mas uma coisa eu sei que ela foi: a pessoa usada por Deus para me lançar de vez a fazer o que nasci para fazer. Só sinto gratidão a Deus por todo aprendizado.

“Descubra a sua essência e encontre o seu propósito.”

Márcia Souza

Mercês Macedo Hoppe

Meu nome é Mercês Macedo Hoppe, natural de Barreiras/BA. Sou casada, mãe da Emily e avó da Maitê e Helena, o que considero ser o meu primeiro e mais especial ministério, minha família.

Sou bacharel em Direito e atuei no judiciário por mais de quinze anos. Fui empresária no ramo educacional e vestuário por dezenove anos. Hoje, faço mentorias, treinamento comportamental e palestras, com mais de quinhentas vidas transformadas.

Em minha caminhada, considero não haver maior satisfação e realização do que contribuir para que pessoas desfrutem o seu propósito e caminhem plenamente no centro da vontade de Deus. É lindo acompanhar os ciclos do casulo, mas, excepcionalmente, é maravilhoso a celebração de cada voo. Esta é a minha maior missão!

_mercesmacedo

+55 (77) 99198-2294

merces.mac321@gmail.com

SUPERE *Seus* LIMITES

20 DESCUBRA SUA IDENTIDADE EM DEUS

Por Mercês Macedo Hoppe

Você já considerou que para qualquer atividade comum como viajar, consultar ou adquirir um bem, é necessário a apresentação do importante documento de identificação? Isso lhe credencia a atuar em todas as esferas e ambientes. Mas o que há de tão importante neste comum documento? A resposta é simples: todos temos ali informações básicas, porém fundamentais que dizem respeito a sua origem familiar, geográfica e civil. Você sabia que Deus também lhe fez com uma identidade Nele? É isso mesmo! Mas para embarcarmos nesta jornada de autoconhecimento e identidade, é necessário começarmos exatamente na origem, nossa filiação, o nosso Criador!

Mas, afinal, todos nós somos filhos de Deus?

> "Mas todos quantos o receberam, deu-lhes o poder de serem feitos filhos de Deus, a saber, aos que creem em seu nome." (João 1:12)

É comum em nossa vida diária, no trabalho, entre amigos, a célebre frase "Somos todos filhos de Deus". Mas está aí um ledo engano. A Bíblia afirma que todos somos criaturas, formados pelas mãos do criador, porém, apenas àqueles que creram e o receberam genuinamente em seu coração, deu-lhes o poder de serem chamados filhos de Deus. Começamos aqui a nossa caminhada. Se você crê e já o confessou como Senhor de seu coração, pode se ancorar nesta verdade. Você é Filho de **Deus**!

Filiação

É justamente aí que tudo começa. Em Mateus, capítulo 16, algo revelador acontece, Jesus pergunta aos discípulos quem os outros diziam que ele era. Pedro, o sanguíneo, de ímpeto responde: "Tu és o Cristo, Filho do Deus vivo", ao que Jesus respondeu: "E eu digo que você é Pedro". Essa passagem revela uma importante chave. À medida que descubro quem Deus é, sou surpreendido com a incrível revelação de quem sou Nele, ou seja, minha identidade. Pedro reconheceu Jesus como o Cristo, o messias enviado. E Jesus mudou sua identidade de "Simão" (cana levada pelo vento) para "Pedro" (rocha).

Isso nos faz refletir sobre a importância de conhecermos o Pai, pois só desfruto daquilo que conheço. Eu lhe convido a mergulhar em uma experiência profunda e reveladora sobre quem Deus é. Criador, onipotente, onisciente, onipresente, soberano, misericordioso, amoroso, justo juiz, pai da eternidade, príncipe da paz, alfa, ômega, todas as coisas foram feitas por meio dEle, e sem Ele, nada do que foi feito se fez (João 1:3). Logo, descubro por meio de sua Palavra quem sou nEle. Escolha descobrir sua identidade em Deus, para nunca mais aceitar que lhe rotulem daquilo que você não é.

Chamados para governar

Creio que um dos grandes desafios em toda a história seja a compreensão correta do nosso chamado em Deus. Não somos produção em série, obra do acaso ou feitos de maneira aleatória. Não! No Salmo 139, o salmista diz que um livro foi escrito com a nossa história. Desde o Éden fomos chamados a governar.

Mas, quando o homem decidiu dar ouvidos à serpente, entregou a ela seu domínio sobre a terra. Mas, havia uma promessa que se cumprira na vinda de Jesus, àquele que pisaria a cabeça da serpente e nos faria assentar nas regiões celestiais em Cristo (Efésios 1:3), ou seja, posição de governo, através de Jesus. Quando descobrimos nosso chamado, desfrutamos do ilimitado poder de Deus. E não haverá fronteiras para viver o sobrenatural.

Feitos para um propósito

É incrível ver a forma inusitada e específica com que o Senhor usou cada um de seus filhos. Débora foi uma impressionante juíza, Dorcas uma importante costureira que ajudava os pobres e as viúvas, Ester foi responsável por salvar milhares de judeus. E o que dizer da serva de Naamã, que mesmo não tendo o nome citado na Bíblia, foi capaz de conduzir seu senhor a conhecer junto a toda a sua casa o verdadeiro Deus. Poderíamos citar inúmeros personagens bíblicos e da atualidade que descobriram seu propósito exclusivo em Deus e desenvolveram os talentos a eles confiados.

E você, já descobriu seu propósito específico em Deus? Talvez sua principal pergunta seja: É possível saber de fato o propósito de Deus para mim? Parece algo tão confuso, instável e inatingível. Posso lhe garantir que não! Comece considerando seus talentos e habilidades, ainda que pareçam comuns e simples, pode estar aí um segredo inestimável pelo qual o Senhor será glorificado.

Você se lembra de Neemias, um simples copeiro do rei, mas que foi usado por Deus para reconstruir os muros caídos de Jerusalém? Já imaginou se ele menosprezasse sua habilidade e função? E o que dizer de Raabe, que mesmo imperfeita foi usada para esconder os ungidos do Senhor e teve sua sorte mudada e seu nome inserido na genealogia de Jesus? Não despreze seus talentos, eles dizem muito sobre o fluir de Deus em sua vida e apontam para áreas pelas quais Deus deseja lhe usar.

Ladrões de identidade

Uma vez que descobrimos nossa identidade, chamado e propósito em Deus, precisamos compreender que haverá uma constante luta do inimigo para tentar deturpar nosso real entendimento sobre quem somos e para que fomos criados. Não foi diferente com o Senhor Jesus. Mateus, capítulo 3 e 4, narra que Jesus, ao ser batizado, ouviu do próprio Deus: "Este é o meu filho amado, em quem tenho prazer". Mas, em seguida, foi conduzido pelo espírito ao deserto para ser tentado exatamente em sua identidade: "Se tu és filho de Deus...".

É assim conosco também. Diariamente, somos bombardeados em nossas mentes sobre nossa real identidade em Deus. No evangelho de Mateus, o Senhor nos aponta uma preciosa arma de combate aos sofismas do diabo, a Sua Palavra. "Está escrito...". Mas vamos comigo conhecer quatro perigosos ladrões de identidade?

1. **Incredulidade**: a palavra de Deus diz que sem fé é impossível agradar a Deus (Hebreus 11:6). Quando não cremos na verdade da palavra e no que Deus diz a nosso respeito, torno-me alvo fácil para os sofismas e fortalezas do inimigo em minha mente. Ao contrário disso, a fé gera o ambiente perfeito para a operação do milagre e o agir de Deus. A Bíblia narra que, em sua cidade, Jesus operou poucos milagres, porque o povo era incrédulo (Mateus 13:58). A incredulidade impede o ambiente do sobrenatural, é um verdadeiro ladrão da nossa história e dos lindos

voos que podemos realizar em Deus. Enquanto tudo é possível àquele que crê (Marcos 9:23).

2. **Inferioridade**: esta é uma sutil, porém perigosa artimanha do nosso adversário. Ele tenta minar nossas forças lançando enganos em nossas mentes de que não somos capazes, de que não temos valor, de que não somos bem-vindos ou desejados, nos fazendo acreditar que somos rejeitados e inferiores aos demais. No capítulo 13, os doze espias de Moisés retornam com o relatório sobre a terra de Canaã. Destes, dez relatam que se viam diante dos inimigos como gafanhotos, ou seja, pequenos, inferiores e incapazes. Enquanto Josué e Calebe animam todo o povo bradando que se o Senhor fosse com eles poderiam vencê-los e devorá-los. A visão acerca de si mesmo e a confiança naquele que prometeu lhe fizeram herdar a Terra e agradar a Deus. Há uma grande e poderosa chave liberada para nós quando decidimos ter a mente de Cristo e pensar da maneira certa sobre nosso valor e capacidade em Deus (1 Coríntios 2:16).

3. **Impossibilidade**: um dos grandes males deste século tem sido as doenças psicossomáticas, tais como ansiedade, síndrome do pânico, depressão, entre outras. Elas se baseiam no medo excessivo do amanhã e da crença errada de que não conseguirão vencer as adversidades. O que reforça o ladrão que tenta nos convencer de que é impossível transpor barreiras e vencer os gigantes que estão adiante de nós. O apóstolo Paulo, após apresentar um extenso currículo de tribulações enfrentadas e vencidas, em meio a abundância, mas também escassez, declara: "Posso todas as coisas naquele que me fortalece" (Filipenses 4:13).

4. **Inverdade**: a Bíblia deixa claro quem é o pai da mentira. Nosso inimigo atua 24 horas lançando enganos e inverdades no intuito de ganhar campo em nossas mentes e corações. Mas o que são enganos e inverdades? São conceitos e ideais mentirosos e deturpados com cara de verdade. E quando caminhamos enganados temos uma visão turva e confusa do meio que vivemos. Fazemos uma leitura errada do outro e dos ambientes que convivemos. É necessário clamarmos por Jesus, pois Ele é a Verdade (João 14:6) que nos direciona e traz luz aos nossos passos. Por meio dEle, temos a capacidade de discernir corretamente e caminhar de forma clara e vitoriosa.

Outro constante engano é a reação vitimista, em que nos faz pensar que a culpa de tais resultados é sempre do outro. Que o motivo da infelicidade, da derrota e dos fracassos são sempre responsabilidade alheia. Basta! Decida viver de forma responsável. Lembre-se, começou em Adão a transferência de culpa: "Senhor, foi a mulher que tu me deste...". Tome as rédeas das suas emoções e reações e se responsabilize pelas consequências e resultados de suas decisões. Somos frutos de nossas escolhas. Acesse poderosas chaves que lhe conduzirão à verdadeira identidade em Deus (2 Coríntios 10:4-5).

1. **Conheça a Deus e Sua palavra**: quando sei quem é o Deus a quem eu sirvo, aquieto-me ao som de sua voz e descanso à sombra de Suas asas. Quando conheço sua Palavra e a guardo em meu coração, tenho a ferramenta mais poderosa. Ela é como fogo (Jeremias 23:29) capaz de desfazer as artimanhas do diabo e é como martelo que destrói fortalezas.
2. **Autoconhecimento**: preciso me permitir fazer uma autoanálise, sincera e realista, capaz de avaliar minhas fraquezas e potencialidades, com a finalidade de reconhecer quem sou, de apreciar minhas virtudes e valores e ser ensinável ao ponto de assumir minhas fragilidades e falhas.
3. **Posição e atitude**: há coisas que somente Deus pode fazer, porém atenção! Aquilo que você pode realizar, Deus não fará por você. Moisés, além de crer, precisou partir as águas com o cajado e marchar para o mar se abrir. Ao ressuscitar Lázaro, foram os homens que precisaram tirar a pedra e retirar as ataduras. Não estaremos imunes à nossa responsabilidade e atuação. Tenha atitude, tome uma posição!

Referência bibliográfica

BÍBLIA Sagrada. Nova Almeida Atualizada (NAA). Barueri: Sociedade Bíblica do Brasil, 2017.

"Não despreze seus talentos, eles dizem muito sobre o fluir de Deus em sua vida e apontam para áreas pelas quais Deus deseja lhe usar."

Mercês Macedo Hoppe

Créditos: Camila Santos @camilasantos.comunica.

Naiara Vieira

Meu nome é Naiara Vieira, tenho 41 anos, paulistana, filha de Deus, filha dos meus pais e da minha mãe do coração, Benica; esposa do amado Joca, com quem sou casada há 22 anos, e mãe do João Vitor.

Profissionalmente, sou palestrante, treinadora comportamental e terapeuta em Constelação Familiar. Em todas as minhas atividades utilizo a visão sistêmica como base. Sou uma especialista em Inteligência Emocional graduada em Recursos Humanos, pós-graduada em Psicologia Organizacional, Constelação Familiar/Organizacional, treinadora comportamental sistêmica, PNL e Inteligência Emocional, sempre estive na jornada do desenvolvimento humano.

Apaixonada por desenvolvimento humano.

naiaravieira23

+55 (11) 97183-7265

ingridnaiaraspm@gmail.com

SUPERE *Seus* LIMITES

@NAIARAVIEIRA23

21 VER COM OLHOS DA ALMA ME LEVOU A OLHOS DE CARNE

Por Naiara Vieira

Nasci em 2 de novembro de 1982, fruto de um encontro sem intenção de dois adolescentes, Tânia e Aramis. Eles eram donos de suas vontades e reproduziam padrões de lares disfuncionais, o que, com certeza, me passaram em sua totalidade.

Ao se ver grávida, minha mãe teve a ideia lamentável de resolver aquele "problema", uma vida que se formava dentro dela, mas que certamente foi motivo de muita dor, julgamentos e preconceitos, afinal, uma adolescente solteira, grávida, na década de 1980, não era algo muito bem-visto pela sociedade, digamos assim.

Eles eram do mundo, literalmente; fazia parte da vida deles tudo aquilo que desejamos que esteja longe de nossas famílias: drogas, relacionamentos casuais, atos ilícitos e tudo mais que eles sentissem vontade. Deste modo, não havia lugar para um bebê, e assim ela planejou simular que caíra da escada para que, no hospital, pedissem um raio X, fato este que, na mente dela, faria com que o "problema" estivesse resolvido.

Assim ela fez, a radiação me afetou de várias formas, mas eu sobrevivi. Uma das sequelas mais severas foi cegueira no olho direito e baixa visão no olho esquerdo (apenas 32% com óculos). Deus me queria aqui, e acredito que um dos motivos é para levar ao maior número de pessoas que, independentemente de como aqui você chegou, o que realmente importa é o que você fará deste lindo presente chamado vida.

Eu vivi uma vida de aproximadamente 38 anos reagindo às dores de ser rejeitada, tudo na minha vida era limitado, me escondendo de situações que pudessem doer naquele mesmo lugar, o da rejeição. Ao longo da vida, fui me tornando aquela pessoa que dizia: "Eu não utilizo a deficiência como justificativa para nada", mas, na verdade, eu morria de pena de mim.

Minha mãe adotiva, Benica, a melhor mulher do mundo, sempre me olhou com olhos de confiança, e eu queria me ver como ela acreditava, mas era cada vez mais difícil, porque eu sempre olhava para o passado desejando que a minha vida existisse a partir de pais diferentes.

Sou casada há 22 anos com o homem mais incrível que eu conheço, o Joca. Tudo o que somos emocionalmente e financeiramente construímos juntos, ele é a maior bênção que Deus podia me dar, a ponto de transbordarmos no amor, que nos trouxe a vida do nosso filho tão amado João Vitor, que hoje está com 20 anos.

Trabalhei em uma empresa durante muitos anos, onde ocupava uma das vagas para pessoa com deficiência e, de alguma forma, isso me dava uma segurança por essa condição. Até que um dia eu me desliguei dela, pois tive contato com a visão sistêmica em uma mentoria para empreendedores e precisava saber mais o que era aquilo.

Eu me inscrevi no curso de Constelação Familiar e absorvi muita teoria, mas, quando participei de um treinamento vivencial, o TS com Bianca Ogata, a minha vida mudou. A partir dali, comecei a entender que perante meus pais eu sou pequena, a vida veio por meio deles, e que eu sou quem sou por ser filha deles. Lá eu fui constelada e vi claramente que todo peso de existir estava sobre as minhas costas, porque eu queria mudar a forma como começou a minha vida, queria mudar os meus pais e não tinha energia suficiente para gerir o agora.

Nunca mais parei de estudar, essa experiência com a Constelação Familiar mudou toda a minha forma de ver a minha vida, deixei aquele lugar de vítima de pais adolescentes para trás e isso mudou tudo. A terapia em Constelação Familiar lhe dá a oportunidade de ver a sua vida de uma maneira única, em que você se vê, e consegue realinhar as suas emoções e comportamentos. Parece meio abstrato, mas somente passando pela terapia conseguimos sentir; dizemos que a constelação não se explica, se vive.

Depois de estar neste lugar, em que minha consciência expandiu a ponto de ocupar meu lugar na vida, eu vi claramente que eu herdei muitos traumas transgeracionais, padrões familiares disfuncionais que se repetiam de geração em geração, em forma de rejeição, mas eu tive a ousadia de fazer com que esse comportamento parasse por aqui.

E aqui vem o extraordinário de Deus em mim novamente. Estávamos eu, meu esposo e o nosso filho no Santuário de Aparecida, eu vi um terço em uma das colunas e disse ao meu filho que pegasse para mim, pois sabia que ele traria um milagre que ainda não sabia qual, mas que era para mim. Fui embora levando o terço comigo.

Nove dias depois, tínhamos uma consulta com o oftalmologista, pois meu esposo queria operar de miopia e eu aproveitaria para renovar meu laudo de PCD. Ao chegarmos lá, o médico nos chamou para o atendimento e disse: "Primeiro as damas!", eu respondi: "Não, doutor, o meu não tem jeito mesmo, veja o do meu esposo primeiro". Ele me olhou e foi atender meu esposo; depois, ao me chamar novamente, expliquei tudo o que tinha acontecido e que a vida toda eu escutei que não tinha jeito, que meu caso era irreversível, mas ele não aceitou muito e falou: "Vamos olhar, então". Ele pediu alguns exames, me disse que, na visão dele, podia ser que tivesse jeito, mas que ele iria verificar com uma equipe médica depois dos resultados dos exames. Saindo dali eu fiz os exames e voltei na semana seguinte.

Ao retornar, recebi a tão sonhada notícia: "Há um cenário favorável para cirurgia, nós não temos 100% de garantia, mas há uma chance de alcançar a visão no olho que nunca enxergou e de melhorar muito a qualidade da visão no olho atuante". Mas havia um grande e importante detalhe: precisaria operar o olho atuante primeiro, o que me deixou bem apreensiva, pois o que era pouco poderia ser nada, caso algo não saísse conforme o esperado. Mas eu disse sim. Operei o olho atuante em uma sexta-feira, a última de agosto de 2023, e o olho direito, que não enxergava, na primeira sexta-feira de setembro de 2023. Não foi muito fácil a reabilitação, mas digo a você que está lendo esse livro que, com quatro dias de cirurgia, meu olho direito formou a primeira imagem. Essa cena será sempre inesquecível e, a partir daqui, lhe convido a refletir não somente sobre mim, mas comigo.

Qual é o milagre que você tanto deseja receber na sua vida hoje e se ele se apresentasse para você, assim como aconteceu comigo, você teria coragem de ocupar o seu lugar na vida e fazer a sua parte? Pare para pensar o quanto de medo eu tive ao saber que iria operar o olho atuante primeiro.

Eu digo com muito amor que precisei ver com os olhos da alma (reconhecer a importância da vida que, por meio dos meus pais, chegou até mim) para ganhar olhos de carne (estes que hoje vejo com tanta clareza). Quando eu reconheci que eu não era uma vítima que não foi desejada pelos pais biológicos, expandi a minha capacidade de receber da vida. Segundo a visão sistêmica, quem reconhece seu lugar na família, reconhece seu lugar na vida.

Ao reconhecer que meus pais me deram aquilo que eles receberam, em relações afetivas, eu parei de desejar que algo diferente viesse deles e notei que podia sim vir de mim. Sim, ao ocupar meu lugar na vida, tomei a postura de uma mulher adulta com ego estruturado, a ponto de reconhecer que eu posso fazer diferente na minha vida sem querer mudar o passado, e isso me permitiu ser uma esposa melhor, ser uma mãe mais amorosa, irmã dos meus irmãos Najara, Neto e Nadiara com muito amor, apaixonada e grata por cada pessoa da minha família, uma profissional disposta a colocar propósito em tudo o que vive.

Joan Garriga cita em seu livro *Onde estão as moedas*:

> Nas profundezas da alma, ainda que o filho recuse seus pais, também se identifica com eles. E quando não pode aceitá-los e amá-los, tampouco consegue querer a si mesmo.[1]

Quem recusa as suas raízes, recusa a própria vida, e eu desejo que você tenha acesso a atividades terapêuticas que lhe tragam clareza para reconhecer quem você é na sua vida, assim como aconteceu comigo.

Hoje, sou uma profissional pronta para conduzir por um caminho de cura emocional todos aqueles que chegam até mim, eu só os levo pelo caminho que eu mesma passei e que foi libertador.

Agora, pense com toda verdade do seu coração e responda para você mesmo(a): Você tem coragem de assumir as rédeas de sua existência e ir para a vida com toda potência que há em você? Porque quando você julga de alguma forma, você repete crenças e comportamentos, ainda que de maneira inconsciente. Você repete a forma como seus pais talvez tenham faltado para você na infância e agora você falta para você, na vida adulta. E aí, repete ou não?

1 GARRIGA, J. *Onde estão as moedas*. Campinas: Sim à Vida Editora, 2011.

Hoje, repito com frequência que a vida chegou até mim e eu vou fazer algo muito bom dela, cuidando com muito amor da filha dos meus pais.

Cada pessoa que eu atendo no meu consultório com a Constelação, que, através de mim, se vê no seu lugar na vida, ali a minha vida expande. Cada profissional que se sente pertencente dentro de uma empresa depois de uma palestra sobre inteligência emocional, com o *storytelling* que eu dou, ali a minha vida expande. Cada um que passa pelos treinamentos de impacto emocional que eu promovo, que sai da sua zona de crenças limitantes, ali a minha vida expande. E você, o quanto tem permitido que a vida viva em você?

O trauma lhe ensina a fechar o coração, vestindo uma armadura. A cura lhe ensina que abrir o seu coração para o amor é uma decisão sua, que independe das atitudes dos demais.

Finalizo este capítulo com esta linda frase de Bert Helinger, criador das Constelações: "É sempre o amor que cura, porque o amor nos faz inteiros".[2]

Sou muito grata a Deus por esta oportunidade, e peço que lembre daqui em diante: dor curada vira recurso.

E eu, Naiara, uma ex-deficiente visual, desejo-lhe de todo meu coração que você encontre o seu lugar na vida, a ponto de ver com os olhos de sua alma!

2 SOUL Essencial. *As ordens do amor*: memórias do sistema familiar. Disponível em: https://soulessencial.com.br/as-ordens-do-amor-memorias-do-sistema-familiar/. Acesso em: 30 set. 2024.

“Eu sou a menina dos olhos de Jesus!”

Naiara Vieira

Nêlma Nunes

Sou Nêlma Nunes e nasci em Campina Grande/PB. Terceira filha de Maria Vieira, mulher honrada, com quem aprendi princípios e valores que regem minha vida. Coragem sempre foi minha maior qualidade, e Deus, a minha base.

Graduada em Enfermagem, especialista em saúde mental, pós-graduanda em Neuropsicanálise Clínica e TCC. Atuo há onze anos no mercado, com uma trajetória marcada por grandes superações e desafios vencidos pela busca incessante por autoconhecimento e crescimento espiritual.

Ao longo dos anos, tive a oportunidade de trabalhar com inúmeras pessoas, vislumbrando suas jornadas de transformação, trazendo um sentimento de gratidão e de senso de servidão indescritível. Hoje tenho como propósito guiar pessoas em suas jornadas de autoconhecimento e desenvolvimento pessoal.

nelma_nunes

SUPERE *Seus* LIMITES

22 DESPERTAR: SUPERANDO ANSIEDADE E DEPRESSÃO

Por Nêlma Nunes

Mesmo eu trabalhando há mais de onze anos com serviço de saúde mental, atendendo, acolhendo, assistindo, direcionando, orientando e cuidando, dos mais leves aos mais complexos quadros de adoecimento mental, me vi refém das minhas próprias dores. Saí do lugar de quem cuida para o lugar de paciente, sem ao menos perceber. Eu me vi num mar de angústia profunda, desesperança e impossibilidade de reagir a tudo aquilo.

Eu me vi acorrentada a tal ponto de não encontrar outra alternativa a não ser a busca por tratamento médico. Relatei, então, para aquele profissional, diga-se de passagem, excelente no que se propõe a fazer, médico psiquiatra conceituado e renomado, referência no cuidado com os pacientes que o buscam. Devido à sua aptidão e experiência, conseguiu com que eu pudesse verbalizar todo meu sofrimento e incapacidade de lidar com a situação. Referi ao mesmo, que diante dos sintomas e o que me causaram, eu senti como se estivesse algemada, de mãos e pés atados, presa, encurralada na minha própria realidade, e que eu não tinha forças para reagir a tanto sofrimento.

Fui diagnosticada com transtorno de ansiedade generalizada e depressão maior, tivemos que iniciar terapia medicamentosa, atendimento psicológico e incentivo à prática de atividade física. Passados quase dois anos de tratamento, ainda conseguia enxergar um grande abismo em relação a quem de fato eu me sentia e quem eu realmente era. E nessa busca desenfreada por respostas para os questionamentos, de apego ao passado, de alimentar crenças e rótulos construídos sobre mim ao longo do tempo, tudo isso fez com que eu me afastasse mais e mais da minha verdadeira identidade, perdendo assim meus valores como pessoa, me enquadrando em lugares, ambientes e atitudes que não condiziam comigo. Buscando refúgios e escapes em maus hábitos, falta de rotina e indisciplina. O que consequentemente me causou danos ainda maiores.

Desenvolvi obesidade grau II e, por consequência, comorbidades clínicas como hipertensão arterial, apneia do sono grave, lombalgia crônica e outros prejuízos associados. Fui perdendo assim, mais uma vez, a autoestima, autonomia e qualidade de vida. Eu me senti mais uma vez em meio à angústia e ao sofrimento. Foi quando parei para refletir, me submeti ao que de fato é chamado "exame de consciência".

Exame de consciência nada mais é do que sair do estado de inconsciência que a maioria de nós está submersa e conseguir se enxergar pelo lado de fora da nossa mente. E assim, pude perceber que eu não era quem eu pensava ser (na grande maioria das vezes é isso que acontece). Nós não somos os rótulos, as percepções e impressões construídos por nós mesmos, ou pelos outros, ao longo do tempo. Não somos a trilha do nosso passado, nem tampouco as expectativas do futuro. Somos muito mais além do que esses falsos conceitos criados e construídos superficialmente ao entorno de nós mesmos.

Foi quando eu senti a necessidade de me aprofundar mais sobre autoconhecimento, conexão divina e propósito de vida. O autoconhecimento revelou-se uma chave essencial para minha recuperação. Comecei a olhar para dentro, perguntando-me: "O que realmente está acontecendo comigo? Quais são as raízes dessa ansiedade e dessa depressão?". Percebi que grande parte do meu sofrimento vinha de expectativas irreais que eu impunha a mim mesma e de feridas emocionais não resolvidas que carregava há anos.

Esse processo de autoexploração foi difícil e doloroso, mas absolutamente necessário. Ao compreender as causas profundas das minhas emoções, comecei a me libertar das amarras invisíveis que me prendiam. Assim como está escrito no livro de Gênesis, somos feitos à imagem e semelhança do Pai, do Criador, sendo assim, nós não podemos nos distanciar da nossa essência, não podemos perder essa conexão com o divino. É essa desconexão que nos faz ter sentimentos de incompletude diante da vida, sensação de falta de merecimento, de desvalorização, de desmoralização, vazio interior, que na maioria das vezes buscamos preencher com coisas externas quando não temos esse discernimento.

Quando nos distanciamos da presença de Deus em nossa vida, todos os nossos planos, sonhos e projetos são frustrados. Quando O sentimos, de fato, e permitimos que o Espírito Santo faça morada em nosso coração (de onde Ele nunca deveria ter saído), resgatamos assim a nossa essência, temos acesso a completude do nosso ser, podemos sentir todas as formas de amor. Que é o princípio fundamental que o nosso Senhor nos deixou no Evangelho de João 13:34: "Eu dou a você um mandamento novo: amem-se uns aos outros. Assim como eu amei vocês, vocês devem se amar uns aos outros".[1]

A partir daí fui em busca da minha cura, pois minha doença era da alma. Busquei por melhora e evolução em todas as áreas da minha vida. Minha cura foi emocional, espiritual, física e nas minhas relações. Pude com isso ter a clareza de que nada que nos acontece é por acaso, tudo nessa vida tem um objetivo específico, que só iremos entender no decorrer dos nossos processos.

Um aspecto bastante decisivo durante nossa jornada é a aceitação. Ela é uma ferramenta poderosa na superação da ansiedade e da depressão. Aceitar não significa curvar-se ao sofrimento, mas sim reconhecer a realidade tal como ela é. A partir desse ponto de aceitação, é possível começar a construir uma nova vida. Ao parar de lutar contra meus sentimentos e começar a aceitá-los, percebi que eles começaram a perder sua força. Aceitar minha situação atual me permitiu focar aquilo que realmente eu poderia fazer para melhorar minha vida.

Recentemente, precisei me submeter a um procedimento cirúrgico de bariátrica (este é um novo capítulo da minha jornada), e em cada etapa desse processo pude sentir o meu renascimento. Como está escrito no Evangelho de João 3:3, Jesus respondeu: "Eu garanto a você: se alguém não nasce do alto, não poderá ver o Reino de Deus".[2] Com essa passagem, Ele ensinou a Nicodemos e a nós que temos que renascer, várias vezes, espiritual e carnalmente, para que consigamos um nível de evolução suficiente para alcançarmos o Reino dos Céus. A cirurgia, de fato, para mim foi um renascimento.

1 BÍBLIA Sagrada. Edição Pastoral. São Paulo: Paulus, 1991.
2 BÍBLIA Sagrada. Edição Pastoral. São Paulo: Paulus, 1991.

Pude desfrutar de cada etapa do processo cirúrgico em paralelo à minha evolução espiritual, cada etapa era como um novo degrau alcançado, pouco a pouco, no meu processo de crescimento e desenvolvimento interior. Em cada etapa durante o pré-operatório: avaliação, parecer de especialista, *check-up*, bateria de exames... E durante o procedimento em si, senti-me de fato como se entrasse uma pessoa no bloco cirúrgico e renascesse outra pessoa após o efeito da anestesia. Transicionei de fato da morte para a vida, e vida em abundância, trazendo como analogia os âmbitos da minha vida. Quais áreas não estavam funcionando da forma como deveriam? Quais aspectos estavam afetados e fora da normalidade? O meu processo cirúrgico, em si, foi como o meu **despertar** para uma nova vida.

As pessoas que se submetem a esse procedimento cirúrgico irão entender bem a que me refiro, é como uma aliança que não se quebra, é um compromisso indissolúvel que você assume consigo mesmo e que não tem mais volta. Você agora se torna um novo ser, você reaprende a andar, a comer, adquire novos hábitos, novas preferências, toda sua rotina é transformada.

Assim também é quando Deus entra na sua vida, é como se Ele fizesse uma faxina, em que tudo que lhe adoece, que lhe prejudica e lhe faz mal é jogado fora e tudo se faz novo. Assim como em 2 Coríntios 5:17: "Se alguém está em Cristo, é nova criatura. As coisas antigas se passaram: eis que uma realidade nova apareceu".[3]

Isso me levou para um outro nível, me fez transicionar de carreira, me senti na obrigação (**obrigado = grato**) de ser essa pessoa, uma facilitadora desse processo em outras vidas, que passaram ou estão passando por algo parecido. Criei assim um método único, em que mostro, assim como aconteceu comigo, que é possível, independente da fase da vida em que o indivíduo se encontre, independente dos traumas e frustrações vividos, das dores, dos insucessos, da desesperança que assola o nosso ser muitas vezes. Criei o Método 3P: os três pilares para uma vida de paz e prosperidade. Ele aborda Identidade, Espiritualidade e Propósito de forma simples e direta, destacando os principais aspectos de uma vida plena. Por meio desse método, mostro que é possível desatar as amarras de qualquer cativeiro que lhe aprisiona, ter uma conexão genuína com o divino, o Criador, e viver seu verdadeiro propósito, e assim, desfrutar as maravilhas que lhe rodeiam e que nem sequer você se dá conta.

3 Ibidem.

Guio pessoas, assim como fiz com minha jornada transformadora, extraindo o maior tesouro que escondemos do mundo, nossos dons e talentos, que nos foi entregue por Deus para proveito próprio e para servidão, e que prestaremos conta do uso ou falta de uso deste, quando nos for cobrado a prestação de contas com o Criador.

Hoje me sinto uma nova mulher, honrada, digna, abençoada, amada, generosa, correta, honesta, renascida, recriada, reestruturada e transformada para a honra e glória do Senhor. Através desse método, eu descobri, eu entendi, e estou vivendo o propósito para o qual eu fui criada.

A cada novo amanhecer eu reforço meu processo de conversão com Jesus Cristo. A cada dia busco ser uma pessoa melhor, busco me aperfeiçoar nas minhas aptidões, aprimorar meus talentos, utilizar como base norteadora os princípios bíblicos, pois o nosso propósito supremo em Cristo Jesus é servir.

Este é apenas o começo de um novo capítulo na minha vida. Sei que a jornada continua e que sempre haverá desafios pela frente. Mas agora encaro esses desafios com um coração aberto e uma mente clara, sabendo que sou capaz de superá-los.

Se você, como eu, está lutando contra a ansiedade e a depressão, quero que saiba que existe uma saída. Ela está dentro de você, esperando para ser descoberta. Confie em sua jornada, confie em sua força interior e saiba que a superação é possível. Você é mais forte do que imagina, e o mundo precisa do seu brilho.

“

A superação é um rito de ascensão espiritual, em que a alma desperta do sofrimento, se eleva e encontra harmonia e propósito divino.

”

Nêlma Nunes

Patrícia Machado

Meu nome é Patrícia Machado, natural de Crateús/CE. Sou casada, tia do Davi, que é meu maior presente, e irmã de uma estrelinha brilhante do céu (minha princesa Ariane, *in memoriam*).

Sou graduada em Enfermagem, mas minha paixão sempre foi o mundo corporativo; especialista em gestão de pessoas, comunicação, oratória e desenvolvimento. Com muito esforço e dedicação, consegui sair da CLT e me tornei sócia dos meus chefes.

Sou mentora e treinadora comportamental, realizo cursos, treinamentos e palestras com a finalidade de inspirar pessoas através da minha história.

A vida é cheia de desafios e já passei por muitas tribulações que tentaram me desviar do caminho, o que me levou a tomar algumas decisões essenciais para trilhar essa nova jornada.

patriciamachadofer

patriciamachado1020@hotmail.com

SUPERE *seus* LIMITES

23 TRANSFORMANDO DESAFIOS EM CONQUISTAS REAIS

Por Patrícia Machado

A realidade de uma família que viveu uma perda trágica do pai (Edgar Machado, *in memoriam*), quando todas as filhas ainda eram crianças, trazia um futuro incerto e longe das possibilidades. As circunstâncias pareciam desfavoráveis e crescer apenas como vítima da situação parecia a única opção. Até que a mãe dessas crianças, com muita garra, assumiu a situação e decidiu, a partir dali, lutar por educação para suas filhas.

Tudo parecia muito distante e impossível de se tornar realidade para aquela menina tímida e insegura que morava no interior. As circunstâncias desfavoráveis pareciam favorecer os que de longe conheciam a nossa história e pareciam querer ver de perto o nosso fracasso. Afinal de contas, que futuro teriam essas jovens criadas apenas pela mãe?

A verdade é que a educação transforma vidas. Transforma tudo de uma forma surpreendente. Hoje, compreendo que acreditar na educação como caminho para mudar a nossa realidade foi a decisão mais sábia que minha mãe poderia ter tomado.

Embora a educação tenha sido uma base sólida para a busca das nossas conquistas, durante muito tempo precisei enfrentar outros desafios: a timidez e a insegurança. Eles foram meus companheiros de jornada, bloqueando toda e qualquer oportunidade que aparecesse para mim. Eu tinha medo de rejeição, de julgamento, e isso limitava minha caminhada. No entanto, passei a querer enfrentar essas barreiras, pois sabia que elas limitavam as oportunidades. Sair da zona de conforto e começar a fazer aquilo que antes dava medo foi minha maior e melhor decisão.

Cada vez que me colocava à prova de situações que antes eu fugia para não resolver, sentia que meu potencial era gigante. Por exemplo, me expor ao desconforto, saindo completamente da zona de conforto, estava me transformando e liberando meu potencial antes não explorado. Por isso, se aprisionar em uma versão limitada é escolher deixar de lado grandes oportunidades de crescimento. Saber enfrentar a timidez e a insegurança não é tão fácil quanto a gente imagina, mais é necessário para o crescimento profissional. Esse processo nos liberta, nos empodera e nos leva para outro nível.

Saber nos agarrar nas pequenas oportunidades com muita determinação para conseguirmos chegar aonde desejamos é o primeiro passo. Nessa caminhada, precisamos dar pequenos passos dia após dia, com a mentalidade que tudo vai dar certo. Lembrando que tudo acontece no tempo certo, e se tivermos a presença de Deus em nossa vida, Ele se encarregará de nos dar a direção.

O amor pelo trabalho e, principalmente, querer fazer dar certo um sonho que muitas vezes não era o meu, e sim de outra pessoa, era meu principal objetivo, me dedicava a fazer sempre o melhor e da melhor forma possível, afinal de contas eu desempenhava várias funções com excelência e com muita facilidade. E foi dessa maneira que me fez querer cada vez mais superar meus limites. O trabalho para mim sempre foi encarado com muito comprometimento e seriedade, onde o dinheiro era uma consequência, não uma prioridade.

A verdade é que quando focamos no comprometimento do trabalho, ele deixa de ser apenas uma fonte de renda e se torna uma fonte de realização, e é assim que o trabalho ganha sentido, garantindo excelência no que fazemos.

Em um determinado momento da minha vida, eu senti que queria uma mudança, queria algo novo, senti que o caminho que eu estava trilhando talvez não me levasse aonde eu queria chegar. Portanto, decidi me abrir às oportunidades, seja uma nova proposta de emprego, ou algum negócio novo. Eu queria mudança. E assim surgiram outras oportunidades e eu estava lá, pronta para vivê-las com muita coragem e determinação.

Eu costumo dizer que eu tive sorte na minha vida. Tive sorte de estar preparada para viver e aproveitar as oportunidades que surgiram. Assim como no nosso dia a dia, é muito mais fácil dizer que o outro teve sorte do que nos olharmos no espelho e fazermos uma análise do que temos feito para mudar a nossa realidade. E se realmente estamos preparados para as oportunidades.

Vivemos em busca da felicidade, do emprego perfeito, do salário perfeito, culpamos as pessoas, as circunstâncias, vivemos reclamando do salário, do chefe, só esquecemos de lembrar que os únicos responsáveis pela nossa realidade somos nós mesmos. Fazer dar certo, aproveitar o novo, sair da zona de conforto, fazer um curso, se especializar, ser o melhor funcionário, colocar seu próprio negócio, é mais trabalhoso do que viver se vitimizando da situação em que você vive hoje; eu digo isso porque eu já fui assim. Por muitas vezes na minha vida, eu acreditei que os outros eram culpados pela minha realidade. Até começar a desenvolver as minhas habilidades, buscar viver experiências desafiadoras e começar enxergar com outros olhos as circunstâncias em minha volta.

Acreditar que você é capaz é o primeiro passo para fazer as coisas darem certo. Ninguém nasce pronto, por isso devemos nos aperfeiçoar para sermos os melhores naquilo que fazemos todos os dias. Todo mundo quer ganhar bem, mas poucos querem fazer uma qualificação profissional; muitos querem ser promovidos, mas poucos estão dispostos a se colocar à disposição da empresa que trabalham; muitos querem conquistar grandes coisas, mas poucos estão fazendo o que amam. No cenário corporativo, os interesses individuais falam mais alto e com essa mentalidade as possibilidades acabam se tornando escassas para você. Por isso eu lhe convido nesse momento a fazer uma autoanálise. O que hoje não lhe faz feliz? O que você está fazendo para mudar isso?

A autorresponsabilidade é essencial na busca pelo sucesso e nas conquistas profissionais, isso porque ela coloca você no controle da sua vida, assim como das suas ações e, consequentemente, dos seus resultados. Ela lhe capacita a agir com compromisso, corrigindo seus erros e lhe transformando cada vez mais. Claro, existem circunstâncias que inevitavelmente fogem do nosso controle, que nos desconsertam, nos tiram a paz e nos fazem nos perder no meio do caminho. Essas circunstâncias eu chamo de provações. Como na minha vida nada foi fácil, eu passei por uma provação em meio à realização de um grande sonho.

Como disse anteriormente, meu maior sonho sempre foi empreender, a facilidade de lidar com pessoas, problemas e conflitos sempre me fizeram querer desenvolver essa habilidade com muita alegria. Como sempre procurei desenvolver da melhor forma possível a minha função, independentemente de onde eu estivesse, Deus me apresentou pessoas que acreditaram no meu potencial, me abriam portas e oportunidades que com muita garra e determinação eu agarrei e disse sim.

A verdade é que depois de alguns anos trabalhando ao lado dessas pessoas incríveis, de repente me surgiu uma proposta de sociedade. Um novo projeto viria e eu fui escolhida para desenvolvê-lo, deixando a posição de funcionária e assumindo a posição de sócia. Naquele momento, eu senti que estava colhendo sementes prósperas, sementes essas que eu havia plantado muito tempo antes, afinal de contas, eu nunca trabalhei por interesse, eu sempre trabalhei por amor. Eu nunca trabalhei por interesses individuais, eu sempre trabalhei por interesses mútuos. E isso me fez chegar até aqui. Até porque ninguém confiaria um projeto em minhas mãos se não tivesse certeza de que eu desenvolveria com excelência.

Olha que incrível, finalmente, depois de muito trabalho e dedicação, eu estava conseguindo realizar um dos maiores projetos da minha vida, o de me tornar empresária. Lembra das provações que eu falei? Pois é, no momento mais feliz da minha vida, eu também estava enfrentando a maior dor da minha vida. Dor essa que infelizmente eu não tinha o poder de reverter. Eu estava perdendo minha irmã, depois de tantos anos de luta contra uma doença rara. Eu estava sofrendo a dor da perda de uma das pessoas que eu mais amava na minha vida. Minha princesa mais linda da minha vida, que vou amar eternamente (Ariane, *in memoriam*).

Só que nesses momentos da vida nós precisamos compreender muitas coisas, uma delas é que se vitimizar não é a melhor saída, se destruir não é a saída. Encarar a situação com força, sabendo que ali estava algo que eu sempre sonhei, me fez sair dessa com vontade de realizar. Essa escolha não apagou a dor, mas me permitiu transformá-la em crescimento. A dor é real, o luto é inevitável, mas escolher como lidar com esses sentimentos define o curso das nossas vidas. Passar por uma perda não nos define, o que nos define é como nós respondemos a ela.

Mesmo diante dos desafios, eu escolhi enfrentar, é sobre se sentir preparado mesmo sem estar preparado, acreditando que o aperfeiçoamento é consequência de muita prática. Enquanto uns hesitam, os que realmente vencem são aqueles que se dedicam incansavelmente, que estão dispostos a ir além, e que enxergam as oportunidades como um caminho a trilhar em busca da realização.

Por isso devemos manter a nossa mentalidade focada nos resultados, acreditando que o trabalho duro sempre devolve o que plantamos. Quando existe dedicação, esforço e tempo, não permitindo ser vítima da situação, colhe-se bons frutos. O sucesso profissional não é sorte, ele é o retorno de quem acredita e espera o processo pacientemente, enfrenta cada desafio de cabeça erguida e faz as coisas como têm que serem feitas. Aprendendo a transformar as dificuldades em oportunidades.

Se você de alguma forma se conectou com minha história e deseja mudar sua vida, aprendendo a transformar os seus desafios em oportunidades, lhe convido agora a me seguir no Instagram, lá você vai poder acompanhar meus conteúdos inspiradores, participar das minhas mentorias e dos meus cursos. Vamos juntos transformar sua vida e superar seus limites. Sua jornada de sucesso e superação começa agora!

“É sobre se sentir preparado mesmo sem estar preparado, acreditando que o aperfeiçoamento é consequência de uma prática diária.”

Patrícia Machado

Priscila Amaro

Eu sou a Pri Amaro, cristã, filha da Rosa e do Pedro, esposa do Homero, mãe do Mateus, triatleta amadora, musicista em construção e movida pelo propósito de despertar a potencialidade divina no ser humano.

Eu me tornei mentora de transformação comportamental ao longo dos últimos vinte anos, sendo dezessete anos como executiva de RH das multinacionais P&G, Danone e Nike, e cinco anos à frente da Escola Catalise!, cofundada com minha melhor amiga Clau Lima. Atualmente, somos em quatro sócias e somamos mais de 7 mil vidas transformadas!

Recentemente, lancei o programa Protagonize a Sua Vida, com o objetivo de empoderar mulheres, e cofundei o Blue Break, um novo conceito de alimentação que visa contribuir para a longevidade das pessoas.

mentorapriamaro

escolacataliseoficial

SUPERE *seus* LIMITES

@MENTORAPRIAMARO

24 TRANSFORME ADVERSIDADE EM ALAVANCA DE CRESCIMENTO

Por Priscila Amaro

Em uma tarde comum, recebi a ligação que mudaria o curso da minha história. Era o vice-presidente regional de RH da Nike informando que eu havia sido aprovada para assumir a direção de RH da subsidiária no Brasil! Na época, eu estava na Danone, feliz com o que estava construindo, mas aquele convite mexeu comigo. Senti um misto de alegria e tristeza. Eu amava a minha versão na Danone. Mas para uma apaixonada por esporte, a ideia de me tornar Nike acelerava o coração.

Ponderei e decidi me lançar no desconhecido, assumindo o risco de me reinventar mais uma vez. O que eu não sabia é que a maior de todas as reinvenções ainda estava por vir.

Ao assumir o desafio, me deparei com um contexto propício para ousar ir além. Meu impulso empreendedor se sentiu refreado nos enlaces da organização matricial e transbordou para além do meu crachá corporativo. Neste momento, fundei a Catalise! com minha amiga Clau. Um sonho antigo que compartilhávamos – ajudar as pessoas a alcançarem sua melhor versão – ganhou vida.

Foi no paralelo, sendo diretora nos dias de semana e mentora de transformação nas horas livres, que a empreendedora começou a sair do casulo. Até que chegou o momento mágico da virada, da forma menos convencional possível. Durante minha licença-maternidade, recebi e aceitei a proposta de assumir uma posição regional na sede da Nike, em Portland, EUA. Vendi a minha casa, desmobilizei a minha vida em São Paulo e me mudei com meu marido, meu filho de 6 meses e duas malas para... Não, não fomos para os Estados Unidos, pois a data agendada para a mudança era maio de 2020, momento em que o direito de ir e vir foi arrancado de nossas mãos.

Impossibilitada de ir, mas sem casa, me mudei para a casa dos meus sogros, na inocente expectativa de ficar por dias... semanas... o que virou meses e mais de um ano. E, nesse lapso de tempo, ao invés de me lastimar, vibrei. Entendi que era um sinal de Deus para eu repensar a minha decisão, dado que a posição não estava me permitindo viver integralmente meu propósito de vida.

Sim, é verdade que este era o sonho de muita gente. Mas não era o meu sonho e achei por certo não me deixar levar pela multidão de desejos, e escutar tão somente o desejo solitário do meu coração. Foi assim que a empreendedora que sempre habitou em mim teve coragem de, finalmente, romper o casulo.

A ruptura não é fácil. Exige arriscar-se, renunciar à estabilidade e se dispor a ter menos conforto. Coloca você frente a frente com seus maiores medos. Tira de você o título que você carrega com tanto orgulho. Eu já não seria mais a Pri, diretora de RH da Nike. Eu seria a Pri e ponto. Será que as pessoas iriam gostar de mim sem o sobrenome corporativo, sem a posição glamourosa?

Decidi pagar para ver, e, mais que isso, apostei na minha crença de que o que realmente importa tem a ver não com o que podemos ver com os olhos materiais, mas sim sentir no espírito.

Hoje a Catalise! é meu projeto de vida e me sinto plenamente realizada e feliz, não apenas na esfera profissional, mas nas dimensões física, emocional, mental, espiritual e financeira.

Até aqui, vivi experiências transformadoras, e durante a jornada tomei consciência de que podemos ser protagonistas de nossas vidas, sendo responsáveis por nossas escolhas, inclusive, e especialmente, mediante as adversidades da vida. Como diria Napoleon Hill: "Toda adversidade traz consigo a semente de um benefício maior".[1] Diante disso, eu lhe pergunto:

1 HILL, N. *Quem pensa enriquece*. Porto Alegre: Citadel, 1937.

Qual adversidade você está enfrentando que pode estar lhe preparando para ser protagonista da sua vida?

Não tente abafar o que está vivendo, nem as emoções geradas a partir dessas experiências, elas estão se manifestando para lhe dizer alguma coisa! Como não fomos educadas para experimentar e deixar fluir os nossos sentimentos, muitas vezes os bloqueamos. O problema é que ao bloquear as nossas emoções podemos nos tornar apáticas, conformadas e impotentes, aceitando tudo o que chega até nós como verdade absoluta e incontestável. Mas nem tudo é verdade!

Não é verdade que devemos nos conformar com uma vida medíocre, ou aquém das nossas expectativas. Não normalize ser infeliz. Não é ingratidão querer um trabalho que lhe faça feliz, sendo que hoje você já tem um emprego enquanto milhares de pessoas estão desempregadas. Não é injusto querer uma casa melhor, relacionamentos mais saudáveis, mais saúde, enfim, uma vida melhor!

É legítimo querer mais da vida, desde que você esteja disposta a semear!

Semear significa protagonizar a vida, e isso requer intenção, coragem e disciplina. Assumir essa posição traz a responsabilidade por sua história. Você deixa de ser fruto do acaso, vítima das circunstâncias. Não dá para culpar, reclamar ou justificar o porquê você não conseguiu, afinal, você é a responsável!

Ser responsável implica fazer escolhas intencionais e conscientes, e, para isso, é preciso despertar do piloto automático. Como perfeitamente colocado por Carl Jung: "Até você se tornar consciente, o inconsciente irá dirigir sua vida e você vai chamar isso de destino".[2]

Você quer se tornar protagonista da sua história? Então se prepare para dar estes sete passos nos próximos dias!

1) **Pratique a presença plena.** Lembre-se de respirar profunda e lentamente várias vezes ao dia. Nestes momentos, pergunte-se: o que eu estou sentido? O que estou fazendo que me faz sentir desta forma? A prática da presença plena traz consciência, nos tira do piloto automático, faz com que consigamos identificar, nomear e entender as nossas emoções e gatilhos. Isso traz empoderamento.

2 JUNG, C. *O eu e o inconsciente*. 27. ed. Petrópolis: Vozes, 1971.

2) **Viva o aqui e agora.** É importante revisitar o passado para entender as suas origens, se apropriar de sua biografia e aprender com as suas experiências, mas se prender ao passado gera depressão. É maravilhoso sonhar e criar expectativas para o futuro, mas viver com a cabeça lá na frente gera ansiedade. O único dia em que podemos protagonizar a nossa vida é hoje.

3) **Invista no autoconhecimento.** Existe um poder inexplorado dentro de cada uma de nós. Deus nos encheu de potencialidade, e cabe a nós entendê-la e utilizá-la. E a chave para desbloquear esse potencial é o autoconhecimento. Saber o que você ama, o que faz bem, o que não faz tão bem é essencial para você assumir as rédeas da sua vida.

4) **Descubra o seu porquê.** Durante a jornada ao nosso interior desvendamos nossos talentos, sonhos e o valor que agregamos ao mundo. A junção desses pilares, alinhado ao que o mundo precisa, traz luz ao nosso porquê, ou propósito de vida. E para que precisamos de um porquê? Deixo o Nietzsche responder: "Quem tem um porquê viver aguenta qualquer como".[3] Ter um porquê claro injeta ânimo e traz direção para a tomada de decisão consciente.

5) **Tenha um desejo.** De posse do nosso porquê, passamos a nutrir o desejo por fazer algo maior que a nossa própria vida, desejamos construir um legado, algo que traga sentido à nossa existência. Viktor Frankl, neuropsiquiatra que viveu em campos de concentração nazistas por anos e perdeu praticamente toda a sua família neste período, buscou compreender o que estava vivendo e sentindo e concluiu: "A alma humana pode suportar tudo, exceto a ausência de sentido".[4] Tenha um desejo que traga sentido para a sua existência e nutra a sua alma!

6) **Projete um plano.** Ao definir e declarar o seu desejo, comprometa-se com ele com todo o seu ser e defina ações para tornar esse sonho realidade. Reflita o que precisa ser feito e o que feito significa. Defina um prazo para realizar a ação e a coloque em sua agenda. Goethe diz que muitos sonhos morrem porque não acreditamos e não nos comprometemos com eles. Afirma ainda que "qualquer coisa que você possa sonhar, pode realizar".[5] Acredite nisso! Onde existe um desejo, existe energia para transmutar o desejo em seu equivalente físico, ou

3 NIETZSCHE, F. *Além do bem e do mal*. Petrópolis: Vozes, 1886.
4 FRANKL, V. *Em busca de sentido*. 45. ed. São Leopoldo: Sinodal; Petrópolis: Vozes, 2019.
5 GOETHE, J. W. *Fausto*. Belo Horizonte: Garnier, 2024.

seja, sonho em realidade. Mas a grande magia não acontece apenas desejando, ela acontece no encontro do desejo com a ação planejada.

7) **Mantenha-se em movimento.** Não pare nunca. A vida é como uma bicicleta, se você para, cai. Não busque por perfeição, busque por avanço. Uma ação simples materializada é muito melhor que um plano robusto engavetado. Torne as ações necessárias hábitos. Nós somos a soma dos nossos hábitos diários, e toda grande transformação, por maior que seja, começa com um passo. Busque ser 1% melhor a cada dia e veja a mágica acontecer! Dê o primeiro passo, depois o segundo, o terceiro... Você entendeu!

Eu não nasci protagonista e não foi fácil para mim. Ao transcrever a história nas páginas de um livro, pode não parecer, mas posso garantir que fácil não foi.

Para começar, toda situação, por mais difícil, vista em retrospectiva, parece mais fácil. Para continuar, a história do outro sempre parece mais inspiradora que a nossa, e que a pessoa é mais afortunada que nós. Para concluir, quanto maior o desafio, maior a conquista.

Se você quer escrever a história da sua vida e ser a grande protagonista, não tenha medo das adversidades. Dê boas-vindas a cada desafio, abrace-o e faça dele seu melhor amigo. Olhe pela perspectiva da sábia que habita em você buscando compreender o que o desafio quer lhe ensinar, mantendo a mente aberta e o coração leve, escolhendo a sua resposta e focando naquilo que você pode controlar ou influenciar.

Empoderar-se significa tirar o poder das coisas e colocar dentro de si. Quando abraçamos as adversidades as transformamos em alavancas de crescimento. Saber disso torna os desafios fáceis? Não, se fosse fácil, não nos tiraria da zona de conforto, e, consequentemente, não nos desenvolveria. O crescimento mora a alguns passos do conforto.

Para protagonizar uma vida extraordinária e se sentir realizada, plena e feliz, você precisa seguir os sete passos aqui descritos. E se precisar de ajuda nessa jornada, me acione nas redes sociais que compartilhei no início do capítulo. Para mim, será uma honra conduzi-la por essa entrada que leva a uma vida cheia de sentido.

“É legítimo querer mais da vida desde que você esteja disposta a semear, protagonizar a sua vida. Isso requer intenção, coragem e disciplina.”

Priscila Amaro

Sabrina Lemos

Meu nome é Sabrina Lemos, sou natural do Rio de Janeiro e mãe orgulhosa do Eduardo, da Ana Carolina, da Maria Eduarda e do João Felipe.

Atualmente, atuo como vendedora de cereais e estudo Teologia.

Hoje, começando a carreira de escritora, um sonho de infância e cumprimento do propósito que Deus me deu de levar, através da escrita, vida, cura e restauração para as pessoas.

_sabrinalemos10

SUPERE *seus* LIMITES

@_SABRINALEMOS10

25 O NOVO NASCE DO FIM

Por Sabrina Lemos

Aos 39 anos, Deus sussurrou ao meu coração uma promessa: "Seu ministério começará aos 41 anos". Com essa palavra, meu coração se encheu de expectativa e esperança, imaginava o que Deus faria em minha vida e aguardava ansiosamente o seu cumprimento. Apenas uma informação eu tinha: meu ministério seria marcado por cura.

Quando finalmente completei 41 anos, um misto de alegria e expectativa tomaram conta de mim, eu esperava ver a promessa se concretizar. No entanto, os dias foram passando e nada acontecia. A dúvida começou a se instalar e eu me perguntava: "Será que Deus se esqueceu de mim?". Então, no início da pandemia, já com 42 anos, Deus me pediu algo incomum: um jejum de quarenta dias.

Durante esse período, Ele ministrou ao meu coração sobre o Getsêmani, um lugar de preparação para o cumprimento do propósito. Ele me disse: "Filha, você vai entrar em um ciclo novo, ciclo não é para ficar é só para passar". Ele me deu instruções específicas sobre a casa: "Arrume os armários de forma que quando os abrir, verá até o que está atrás. Faça doações, um dia vou lhe tirar daí e não vai precisar de muitas coisas". Senti que algo poderoso e transformador estava prestes a acontecer. Era como se uma presença extraordinária e grandiosa fosse chegar, a promessa aguardando o momento certo para se revelar.

Esse novo começo chegou de uma maneira que eu nunca poderia imaginar: a morte do meu esposo, o amor da minha vida. Uma semana depois do enterro, Deus me disse: "Seu ministério começa agora, não era com os seus 41 anos, e sim com o dele que morreu com essa idade, seu novo tempo chegou, seu ministério começa agora". Nunca senti uma dor tão intensa, a tristeza me consumia de tal forma que perdi a força muscular, não sentia fome, sede ou sono. Por vezes, eu ficava com o corpo imóvel, sentia um vazio enorme que consumia a minha alma. Fiquei um tempo sem ir à igreja, porque o caminho para lá me fazia passar em frente ao cemitério e essa visão me fazia sentir que havia abandonado meu grande amor.

Lembro-me da última oração que fiz: "Senhor, já orei de todas as formas, clamei, gritei, orei a Palavra, profetizei, louvei, orei em línguas, jejuei. Não sei mais como orar e lhe pedir a cura dele, o Senhor sabe até onde posso suportar, contudo, seja feita a Sua vontade que é boa, agradável e perfeita". Naquele momento, eu sabia que tinha feito uma oração de entrega, a mais difícil da minha vida. Eu tinha medo de fazê-la, mesmo sabendo que era necessário e que Ele é o Senhor, o dono da vida. A sensação que eu tinha era que ao fazê-la, eu autorizava Deus a levá-lo e desistia de lutar por sua vida.

O luto faz com que experimentemos a perda de nós mesmos e de uma parte importante da nossa vida emocional. É como se você sofresse uma amputação de um membro do seu corpo. Cada perda que você tiver na vida, seja de uma empresa, um relacionamento, uma amizade, um emprego, ou um ente querido, terá que passar pelo ciclo da dor, pelo luto. Onde as lágrimas serão intensas, as noites longas, as dores avassaladoras, as perguntas não terão fim e a solidão será a sua maior amiga. Cada dor é um luto que precisa ser vivido, sentido, e despedidas serão necessárias.

Passei por todas as fases do luto, vivi, senti e me despedi, só que não conseguia me desapegar daquela dor, fazia dela o meu devocional. O apego me prendia ao passado, a uma vida que não existia mais, era como se eu não pudesse ser feliz novamente, como se não pudesse escrever uma nova história, e não digo isso só em um novo relacionamento, mas em cada área da minha vida. Tinha tantas promessas e estava perdida na dor.

Até que um dia, tomando banho, eu perguntei ao Senhor: "Qual é o próximo passo?". Então, Ele me pediu um jejum de 21 dias, e ali mesmo fiz a oração para iniciar. Quando acabei de orar, Deus me disse: "Agora me entregue o ciclo do luto", e fiz outra oração conduzida pelo Espírito Santo: "Pai, lhe entrego meu luto, meu choro, minha dor, minha tristeza e o amor que sinto por ele. Obrigada pelo tempo que o Senhor me proporcionou ao lado dele, sou grata por tudo que vivi e aprendi. Recebo o seu novo, estou pronta para viver o seu propósito. Diante de Ti encerro o ciclo do luto e entro no novo que tens preparado para mim".

Nesse momento, senti e vi espiritualmente uma mão gigante vindo do alto, entrando na minha cabeça, passando por dentro do meu corpo, foi embaixo dos meus pés e arrancou uma planta com raiz e terra, e percorreu o caminho de volta. Ao sair pela cabeça, saiu também a dor e a tristeza, recebi a cura ali mesmo. Percebi que algo sobrenatural havia acontecido e perguntei ao Senhor o que aquilo tudo significava. Ele me disse: "Filha, o que eu quero fazer na sua vida não cabe o velho, na vida antiga, quero lhe entregar algo novo. O ciclo do novo não começa com o novo, mas com o encerramento do velho. O ciclo que você cumpriu, aprendeu, viveu, superou, precisa ser encerrado. Eu não permito que dois ciclos fiquem abertos". Perguntei: "Posso encerrar um ciclo?". Ele disse: "Sim, Jesus, na cruz, disse: 'Está consumado!' Com esta declaração, Ele estava encerrando um ciclo e abrindo um novo, o da Nova Aliança. Eu não coloco vinho novo em odre velho, nem remendo pano velho". Tudo isso aconteceu naquele chuveiro. A partir daquele momento, Deus me ensinou sobre cada ciclo, que vou detalhar no meu próximo livro. Em cada um deles há uma mudança necessária que lhe prepara para entrar em uma nova estação, ensinamentos preciosos que também precisei passar para chegar até aqui.

Getsêmani é um lugar em que você será prensado, mas também será extraído um azeite novo de sua alma, para operação de curas, milagres e ativação do seu chamado. É da azeitona amassada que sai o azeite, então não é Deus lhe maltratando, é Ele extraindo o que tem de melhor em você. Não tenha medo de ir, tenha medo de continuar no mesmo lugar e de não cumprir aquilo que Deus desenhou para você.

Também é um lugar de oração, de preparação, de expor seus sentimentos, de se entregar a Deus e permitir que Ele lhe conduza ao seu propósito. De permitir sentir a dor para que haja a cura. Neste momento, sentirá uma enorme solidão, provavelmente seus amigos terão ido embora, mas saiba que são nesses momentos de profunda tristeza, angústia, medo, aflição e dor que o Céu mandará um consolo extraordinário para você. Suas lágrimas serão capazes de molhar o chão como nunca antes. Mas ao seu lado estará um anjo colhendo cada uma delas, depositando-as em um odre, pois você tem um Pai que lhe ama tanto, que se preocupa com cada uma delas e guarda-as em um lugar que só Ele tem acesso.

É no Getsêmani das nossas vidas que somos chamadas a enfrentar o que precisa ser desfeito para dar lugar ao novo. Jesus nos ensina isso, antes da ressurreição, Ele teve que passar pelo momento mais desafiador. E nós também precisamos estar dispostos a deixarmos ir, a desconstruirmos o que não está mais lá, para que Deus possa edificar algo novo em nós. Vá ao Getsêmani! Depois de ter orado, chorado, clamado, ter sido consolado pelo anjo, Jesus estava pronto para enfrentar seus inimigos e seguir para outra etapa. "Basta! Chegou a hora!" (Marcos 14:41).[1]

O basta representa uma decisão. Jesus tomou a decisão de se entregar e de seguir em frente, de se permitir passar pela via dolorosa para chegar no seu propósito. Talvez você esteja passando por um momento tão difícil em sua vida, em que sabe que terá que dar um basta e seguir em frente, para que uma nova história seja escrita. Permita-se, ainda que seja difícil, que ninguém acredite em você ou estar sozinha. Dê o seu basta e siga em frente para um novo começo.

Decidir não é sobre estar pronto, mas é encarar de modo consciente as mudanças necessárias para trilhar um novo caminho. E aí você vai descobrir que enquanto caminha, Jesus caminha contigo, porque Ele é o próprio caminho (João 14:6).

Tenha certeza que ao decidir dar um basta e caminhar, o próprio Jesus irá lhe conduzir para o novo caminho, e ao olhar para trás, você descobrirá que tomou a melhor decisão de sua vida e verá que Deus tinha um plano.

Noemi, Rute e Orfa compartilharam da mesma dor, a da perda de seus maridos, que traziam sustento, proteção e segurança. No meio do caminho de volta para a sua terra natal, Noemi resolveu mandar suas noras de volta para a casa de seus pais. Orfa aceitou o conselho e decidiu voltar para o lugar antigo, velho, um lugar de conforto, onde já conhecia seu povo e os deuses de seus pais. No entanto, Rute decidiu seguir para o novo, para uma nova geografia, para um novo povo e um novo Deus.

A Bíblia não relata o que aconteceu com Orfa, qual vida ela seguiu. Simplesmente que ela retrocedeu e por isso não teve história para contar.

---

1 BÍBLIA JFA. Marcos 14:41. Disponível em: https://bibliajfa.com.br/app/naa/41N/14/41. Acesso em: 3 out. 2024.

Mas Rute, por ter decidido trilhar um novo caminho, sair da sua zona de conforto e ir para a zona de confronto, sair do lugar de sua dor, teve uma nova história contada. Ela encontrou um novo lar, um novo marido e um novo Deus. Foi bisavó do rei Davi e entrou para a genealogia de Jesus (livro de Rute, Bíblia Sagrada).

Isso me mostra um Deus amoroso, cuidador, zeloso, um Deus de novidades que não desperdiça as nossas dores, mas as transforma para a glória dEle. Na caminhada da vida, em meio às suas dores, frustrações, dúvidas e medo, quem é você? Orfa ou Rute? Aquela que desiste e não tem história para contar ou aquela que encara o novo, o desconhecido, e conta uma linda história de cura, superação e transformação? Seja a protagonista da sua vida, reescreva uma nova história. Na pior dor da minha vida, em que eu olhava e não via mais saída nem caminho a seguir, encontrei um Deus Pai, que apesar de ter me ferido também me curou (Jó 5:18), e eu o conheci tão profundamente que hoje sou uma com Ele, que me resgatou da dor e me posicionou como filha, me fez entender que o maior propósito dEle sou eu, é você!

Permita que Deus coloque um novo cântico em seus lábios. Supere seus limites, enfrente tudo aquilo que é necessário para entrar no novo, tenha certeza de que Deus estará contigo nessa jornada e então estará pronta para viver e contar um lindo testemunho.

Vou deixar um *post* no meu Instagram para que eu possa lhe conhecer melhor e saber o que mais lhe impactou ao ler minha história. Bora para o próximo nível? Espero você lá.

“Decidir não é sobre estar pronto, mas sobre encarar de modo consciente as mudanças necessárias para trilhar um novo caminho.”

Sabrina Lemos

Simone Simim

Sou Simone Simim, hipnoterapeuta especialista em *burnout* e desenvolvimento pessoal, idealizadora do método Livremente, que ajuda mulheres a se conectarem com seu feminino, aliando trabalho, família e cuidado com a saúde.

Formada em Engenharia, vivi oito anos em um ambiente totalmente desconectado do meu feminino e do meu propósito. Isso me levou a ter *burnout*, o que foi a pior e a melhor coisa que me ocorreu. Em 2023, realizei a transição de carreira para a área de saúde mental com a hipnoterapia. Só assim pude superar o *burnout* e me conectar com a minha verdade e o meu feminino.

Hoje ajudo mulheres que estão perdidas na profissão e na vida pessoal a se conectarem com a sua essência e viverem uma vida extraordinária.

simone.simim
+55 (31) 3551-0482
Simone Simim Moreira

SUPERE *seus* LIMITES

26 DO *BURNOUT* À MARATONA INTERNACIONAL DO RIO

Por Simone Simim

Em janeiro de 2023, decidi encerrar a minha carreira de oito anos na engenharia. Somada às duas graduações e mestrado, foram quinze anos dedicada a uma carreira que nunca fez sentido para mim. Não me sentia encaixada naquele mundo e estava ali porque era, naquele momento, o único caminho que enxergava para trilhar, além do bom salário que acreditava que recebia. Acabei deixando de lado a minha saúde, relacionamentos, vivência com a família e amigos e a pessoa mais importante para mim: eu!

A minha motivação para abandonar uma carreira, considerada próspera por muitos, estava associada à perda do meu bem mais precioso: a saúde. Em maio de 2022, fui diagnosticada com a síndrome de *burnout* e me recusei a aceitar a doença. Não existia "parar de trabalhar" para mim.

Para quem não sabe, o *burnout* é uma doença de cunho ocupacional causada pela exposição ao estresse prolongado mal gerenciado. Por se tratar de uma síndrome, é composta de inúmeros sintomas, e o mais relevante é a exaustão extrema.

Dores de cabeça, problemas gastrointestinais, doenças infecciosas recorrentes, queda de cabelo, ansiedade, dores musculares, depressão e ganho de peso são só alguns dos sintomas mais comuns de quem passa pela síndrome, porém podem ter muitos outros associados. Sem contar as questões mentais como afastamentos dos familiares e amigos, irritabilidade e perda total de vontade de realizar coisas antes tão agradáveis.

Logo após o diagnóstico, recebi uma proposta de transferência da empresa que trabalhava para uma multinacional brasileira na cidade do Rio de Janeiro. Naquele momento, eu acreditava que me afastar do ambiente tóxico de trabalho em que estava me curaria da doença, mas eu estava muito enganada.

Estar distante da minha família, dos meus amigos, da minha cachorrinha e da minha cidade só deixou os sintomas do *burnout* mais evidentes, e eu estava sozinha naquela cidade. Nesses momentos de solidão, eu costumava caminhar na praia, era um momento para refletir e observar as coisas ao meu redor. E eu comecei a olhar os corredores que passavam pelo calçadão e me lembrei que eu costumava ser um deles.

Comecei a correr em 2015 e logo se tornou minha paixão. Acordava cedo, renunciava a festas no fim de semana, me dedicava muito à alimentação saudável e ao treinamento de força, tudo para chegar no dia das provas e finalizá-las com tranquilidade.

A corrida era para mim como uma mola propulsora, que além de me proporcionar saúde física, me desafiava a cada dia e me fortalecia mentalmente. Só que eu fui aos poucos abandonando essa prática, deixando de lado tudo que envolvia a corrida e o resultado foram 17 kg excedentes no meu corpo, que impactavam minha saúde e minha autoestima.

Vendo aqueles corredores felizes e saudáveis me fez pensar que deveria retomar a minha antiga prática, que estava meio esquecida no meio da rotina desgastante do trabalho que detestava. Junto a isso, eu precisava resolver algo que tanto me incomodava: a minha vida profissional.

Um breve período de férias e uma passada no médico me fizeram reavaliar a continuidade na engenharia e, ao retornar do período de "descanso", resolvi dar uma pausa. Eu acreditava que seria somente alguns meses e aproveitei para me cuidar. Retomei os treinos de corrida, voltei a me alimentar melhor e a cuidar da minha saúde mental. Para esse último, queria algo diferente do que já havia experimentado e comecei uma busca por algo novo.

Assim eu conheci a hipnoterapia. Essa técnica me parecia perfeita: um tratamento terapêutico que prometia ir à causa-raiz do problema e com um período curto de tratamento, sem intervenções medicamentosas. Ao realizar o tratamento, eu também tive a oportunidade de fazer a formação em hipnoterapeuta, ou seja, além de tratar o meu *burnout*, adquiri uma nova profissão em que poderia ajudar outras pessoas, que assim como eu, poderiam estar passando por questões emocionais. Parecia o plano perfeito, eu não precisava voltar para a engenharia e teria uma nova profissão mais alinhada ao meu propósito.

Mas as coisas não são tão simples assim, não é mesmo? Fazer uma transformação desse tamanho na minha carreira e vida me causava imenso medo e insegurança. E se não desse certo? O que as pessoas irão pensar? E se eu não conseguisse pagar as contas? O que a minha família falaria? Como começar do zero?

Foi aí que eu me fiz a seguinte pergunta: Se tudo não sair como o esperado, o que de pior pode acontecer? A resposta foi: voltar para onde eu estava naquele momento, e esse era um território conhecido que eu gostaria muito de sair. Então eu resolvi arriscar com medo mesmo.

Para isso, eu precisei avaliar algumas coisas. A questão financeira deveria ser levada em consideração, pois ao iniciar uma nova profissão, os ganhos financeiros podem demorar um pouco a vir. Como eu sempre fui muito precavida em relação a isso, essa questão parecia dominada.

Mas e a tal da mentalidade empreendedora? Como eu venderia meu produto de hipnoterapia? Hoje, tudo é pela internet, "Eu vou precisar gravar vídeos, postar todos os dias e eu não gosto de aparecer, o que vou fazer? Vou ter que montar um consultório, e se eu não tiver dinheiro?". Para sanar todas essas questões, eu tive que trabalhar muito a minha mentalidade, mudar meu estilo de vida, ser muito organizada e, o mais importante de tudo, confiar muito em mim mesma e não desistir na primeira derrota.

Lancei mão de várias alternativas para fortalecer minha mente, como terapia e cursos de desenvolvimento pessoal, mas eu percebi que eu precisava de algo para desafiar a minha mente, que fizesse ela acreditar que era capaz de realizar todos os meus planos e metas. Eu então escolhi que esse desafio seria correr a minha segunda maratona e a cidade escolhida para esse grande feito foi o Rio de Janeiro.

Para quem corre, sabe que toda prova precisa de uma preparação. Mas, para a maratona, essa preparação é diferenciada. Eu iniciei os treinamentos em janeiro de 2024 e a prova era somente em junho desse mesmo ano. Esse preparo exigiu de mim atenção plena à minha alimentação, disciplina nos treinamentos de força e dedicação à minha planilha de corrida. Eu treinei todos os dias, raros foram os dias de descanso. Eu treinava em um dia já sabendo que no outro dia eu teria que acordar e treinar novamente. Muitas vezes meu corpo estava cansado e com dores, mas eu não podia parar pois uma pausa impactaria meu planejamento.

Uma coisa muito importante precisa ser dita sobre o treinamento para uma prova dessa. Não se constrói isso sozinho. Tive a todo o momento o acompanhamento de uma nutricionista para a alimentação adequada, um *personal trainer* para o treinamento de força e um educador físico especialista em corrida de rua, que sabia exatamente como planejar um treinamento para essa prova. Cheguei a completar 60 km semanais corridos. Para chegar ao resultado esperado, é necessário pelo menos suportar o processo.

E após cinco meses de treinamento intenso, eu retornei à cidade do Rio para realizar a prova. Nessa altura, minha mente e o meu corpo estavam tão bem treinados que eu não tinha dúvidas que eu conseguiria completá-la, mas pairava um sentimento estranho: como eu iria me sentir retornando à cidade pela qual passei pelo meu último emprego e que me fez reconhecer a síndrome de *burnout*?

Eu já não era a mesma pessoa que havia saído dali há um ano. Minha mente estava transformada e ela estava imbatível. Eu me sentia forte e não me lembrava mais de como era ter *burnout*, de como era levantar-se às 5h da manhã para ir para um trabalho que eu odiava. Só estava ansiosa para chegar à manhã do dia 2 de junho de 2024 e completar aqueles 42 km.

E assim foi! Segui todo o plano de forma leve e organizada. Eu estava pronta. Preparada para quando o desânimo e as dores tomassem conta do corpo. Não existia desistir, só ir para a frente, rumo ao resultado.

“Mas você não pensou em desistir durante a prova?”. Nossa, várias vezes! Tive dores, câimbras, minha mente queria desistir, mas eu só foquei no resultado, na medalha que receberia e que hoje ostento na parede do meu escritório. Nos momentos difíceis da prova, me recordei dos acordos sociais que selei com as pessoas, no quanto terminar essa prova me fortaleceria e teve até o nome da minha cachorrinha de 18 anos (ela faleceu dois meses após a prova) transcrito na camisa de um outro corredor para lembrar os meus porquês e os “quem”.

E, após 4 horas e 35 minutos de prova, eu finalizei a Maratona do Rio de Janeiro. Foram 42 km em que tive a oportunidade de reforçar quem eu sou, o meu propósito, o meu talento e agradecer por ter descoberto isso. Uma maratona se assemelha a um *burnout* em alguns pontos. Em ambos, vamos perdendo as forças lentamente, porém, em uma maratona você é tomado de um sentimento de "quero mais", de que precisa ir até o final. O corpo vai se esgotando, mas a mente não, pelo contrário, ela se torna mais forte a cada passada.

Passar pelo *burnout* foi a pior e a melhor coisa que me aconteceu. Pior, pois eu prejudiquei imensamente minha saúde e meus relacionamentos, e melhor, pois ele despertou em mim a coragem de tomar as rédeas da minha vida e me deu coragem para seguir o meu propósito.

Hoje trabalho como hipnoterapeuta, ajudando mulheres a lidarem com suas questões emocionais e traumas. A hipnoterapia me ajudou a me conectar novamente comigo, me transformou, me guiou durante o desafio da maratona e atualmente é a minha nova profissão. A hipnoterapia me mostrou um processo de transformação incrível e como podemos mudar nossas vidas usando o poder da nossa mente.

“Para chegar ao resultado esperado, você tem que minimamente suportar o processo.”

Simone Simim

Susana Monteiro Netto

Meu nome é Susana Monteiro Netto, nasci em Bento Gonçalves/RS e resido em Camboriú/SC. Cristã, terapeuta e escritora do *e-book Dependência emocional* e com livros em andamento. Trabalho com mentoria do lar e há vinte anos atendo jovens, mulheres e famílias. Neste tempo, vivi para casa, família, trabalho e igreja.

Hoje posso dizer que construí um legado no servir, bem como um ministério na ministração, palestras e no ensino com mentorias. Superei todos os desafios que sugiram ao longo dos anos, bem como o mais desafiador, a dependência emocional, e provei que é possível encontrar a felicidade e contentamento ao ressignificar meus valores e entender meu propósito.

susanamonteironetto

+55 (47) 99114-0981

susana.netto21@gmail.com

SUPERE *Seus* LIMITES

27 LIVRE, PORÉM ACORRENTADA: DE QUEM É A CULPA?

Por Susana Monteiro Netto

Toda menina sonha em viver seu sonho de princesa, ser amada e viver seu "felizes para sempre". E eu vivi muito bem; por longos anos, achava que minha história de princesa estava bem estruturada, apesar de não estar morando em um castelo e minha casa ser simples, era um lugar que o amor, o companheirismo, o respeito e Deus sempre estiveram presentes. Então, sempre acreditei no meu "felizes para sempre". Como por muitos anos, minha casa e casamento foram referência de família para muitas pessoas em minha cidade e igreja, e até nos lugares que passávamos, acreditava estar muito bem e realizada de certo modo. Então, após 24 anos de casados, com problemas no relacionamento, meu marido saiu de casa e nos deixou, o conto de fadas virou um pesadelo.

Bom, essa história se iniciou há muito tempo, quando uma menina de 16 anos se torna mãe e então, junto com seu namorado, decidem se casar e construir a família. Sem base ou estrutura alguma, juntos e firmados na igreja, iniciam a construção deste lar, que enfrentaria suas dificuldades, mas que sempre lutariam para manter-se firmes em Cristo e juntos. À medida que avançavam os anos, um legado de amor e união era construído, mas as dificuldades financeiras, críticas, exigências, frustrações, cobranças e a desilusão só aumentavam. Então, após 24 anos juntos, algo já não era mais sustentável, suportável ou tolerável. Ainda existia um companheirismo, um filho com 22 anos, mas meu marido resolveu sair de casa e, por escolha dele, decidiu viver a própria vida.

Sempre fui independente, trabalhei fora, ajudava no sustento da casa e me deparei com essa situação de ser trocada, humilhada, envergonhada, abandonada e ter que encarar minha ruína, a dor da separação. Eu que sempre lutei pelos casamentos e famílias, sempre lutei pelo meu próprio casamento, pensei e concluí que, em meio à dor e junto de meu filho, permaneceríamos em Cristo, seguiríamos a vida em Deus. Eu encerraria o ministério com casais e famílias e, após pastorear muitas vidas, seria só mais uma mulher se reerguendo das cinzas. Eu que sempre me dediquei a fazer tudo com muito zelo e fidelidade.

Foi aí que descobri a dependência emocional, algo que para mim era inaceitável, pois nunca fui uma mulher de me lançar à depressão, nunca tive baixa autoestima e sempre encarei meus desafios e dores de frente, nunca fugi ou recuei, sempre declarei que Deus tinha o controle de minha vida e de tudo.

Eu precisei que Deus me levasse a áreas em que nunca deixei que Ele controlasse e uma delas era exatamente o ministério, que sempre exerci muito bem e com excelência, mas que acreditava que só podia aconselhar casais e famílias porque era casada, ou porque tinha anos de matrimonio. Então, Ele me levou a ver que não tinha um ministério porque tinha marido ou filho, sempre foi por Deus, por causa dEle; e assim, em meio à dor, à solidão e à imensa tristeza, assumi uma casa, na verdade, um sítio com bichos e plantas. O choro compulsivo e as orações eram inevitáveis durante à noite, mas pela manhã encarava o que havia me sido imposto. Saía para meu trabalho como vendedora em uma loja.

Durante os anos casados, nunca nos ofendemos ou nos desrespeitamos, nossas brigas sempre foram conversas e nessa altura acho que já estava fazendo o papel de mãe e de controladora mais do que de esposa. Sempre tive o entendimento de que os erros dele não diziam respeito a mim, não tinha a ver comigo. Por entender isso e lidar com inúmeros traumas e dores em aconselhamentos e ministrações, a dependência emocional em mim era algo que não se cogitava. À medida que orava por solução a Deus, ele me levava a áreas de minha vida em que eu era completamente aprisionada, áreas que dependiam de aprovação para que eu me movesse, que sempre precisava estar segura e com uma mentalidade limitada em crenças rasas.

Por anos ministrei a Palavra e ensinei a muitos, mas nunca me permiti viver da fé e da total dependência de Deus, dependia da força do meu braço, do que produzia em meu trabalho e administrava com ele. Por ter um parceiro, era fácil juntar tudo e distribuir entre as contas da casa.

Sempre digo que com a dor que enfrentamos vem a cura que vai curar outros. De fato, é uma verdade profunda, mas dizer que a dor me arrancaria da prisão que eu mesmo me aprisionei, isso era desafiador demais para mim. Era me desconstruir, destruir um legado de anos, ir contra as bases que adquiri e contra meus próprios princípios. Era abrir mão do controle.

Eu não mudaria a escolha, não mudaria o fato de agora estar sozinha e ter que assumir essa provisão em sua totalidade. Era desesperador, sufocante e eu não via saída em nada. Mas a dependência me levava ao negativismo cada dia mais. Então Deus começou a pedir que eu saísse de meu trabalho e retornasse ao cuidado de meu lar. "Tô ficando doida, só pode, isso é satanás falando, sempre cuidei muito bem da minha casa, sempre submissa, sempre fui muito presente no ensino de meu filho. Não! Isso não pode ser nada! Como alguém que tem o fardo de sustentar um sítio em sua totalidade solta seu trabalho?".

Mas à medida que orava, Deus era mais e mais enfático. Então mudei a oração, passei a ser enfática no que ele queria sobre mim e que então me levasse a profundidade do que precisava mudar. Nem eu imaginava o quanto precisava mudar, o vitimismo e o perfeccionismo eram minhas principais bandeiras e eu nem fazia ideia disso. Descobri que sabia muitas coisas a respeito da Bíblia, que adquiri inúmeros testemunhos de cura, libertação e provisão ao longo dos anos, mas sempre vivi limitada, só me movia naquilo que daria conta, e, por muitas vezes, cobrei conduta de meu marido e filho quando na verdade era só comigo o que Deus estava a tratar e ensinar.

Nossa, por anos eu estive acorrentada e presa sem me mover, executava muito bem minhas obrigações, mas estava apenas no piloto automático. E aí veio uma pergunta à minha alma: "De quem é a culpa?". Até tentei acusar o abandono e me vitimizar com os fatos acontecidos, sempre é melhor culpar o outro, afinal Adão colocou a culpa na mulher e a mulher, na serpente (Gênesis 3:9-13). Mas a verdade é que assumir que errou é difícil e que errou consigo mesmo é muito mais. Então a dependência começou a aparecer e fazer sentido.

Esperava que o outro trouxesse a provisão e sustento e, junto comigo, melhorássemos a condição da vida, quando na verdade sempre foi Deus e eu. Declarava que era Ele, mas permanecia fazendo com a força do braço. Então, comecei a me mover para viver essa saída e esse retorno ao lar, sair do confiável para retornar à verdadeira confiança em Deus. Para isso, precisei mudar a mentalidade que tinha, uma metanoia, Deus me desconstruiria para refazer tudo novo.

Foi o processo mais doído que vivenciei (e eu achava que a dor de ser trocada era a maior que havia enfrentado, pois segundo a psicologia, a dor da separação é comparado a dor do luto). Mal sabia eu que desconstruir meu ego, meu orgulho ferido, minha razão, minha lógica, seria a experiência mais incrível e libertadora que viveria. Entender que o meu potencial e visão eram limitados porque me movia pelo que podia fazer, e não pela Palavra dEle.

Entender que era necessário a saída de meu marido, pois ele foi a ferramenta usada para revelar a dependência e muitas outras coisas ocultas em mim, para forjar meu caráter e concretizar a boa obra, fortalecendo ainda mais meu legado, para me levar a sair do controle e apreender que **nunca foi sobre mim, sempre foi sobre Ele**, nunca foi por causa da minha capacidade, sempre foi por quem Ele era.

Passei a declarar e gerar vida nas áreas profundas que Deus me levava à mudança, entendi que muita coisa era resultado de minhas palavras declaradas, fruto da insegurança, do negativismo. Toda palavra gera vida ou morte, descobri que estava vivendo muita coisa que havia declarado. Minha mente era meu maior campo de batalha. Eu era livre, pois Cristo me deu liberdade com Seu sacrifício, mas vivia acorrentada com todos os fardos que eu mesma me pusera sobre mim ao longo dos anos. Ver que minha mente só projetava o que eu alcançava com a força do braço era muito entristecedor para mim, que sempre me considerei uma mulher de fé.

Então mergulhei na mudança que Deus estava propondo e registrei tudo em meu caderno de oração. Assim, com incentivo de meu filho, transformei num *e-book* hoje vendido numa plataforma digital. Voltei a estudar e aprimorei a terapia, pois sempre trabalhei com aconselhamento, e agora é uma de minhas fontes de renda. Dou mentoria a mulheres de como retornar ao seu primeiro chamado e ministério, **o lar**; como resgatar sua essência Ezer, a essência de criação divina. E, aqui entre nós, minhas mentorias foram melhoradas através da minha experiência vivida na separação, meu conhecimento aprofundou-se ainda mais e me lançou a viver o novo de Deus e seu propósito. Hoje dou mentorias *online* e presencial, faço ministrações e palestras, vendo o meu guia de libertação, que é o *e-book Dependência emocional*, disponível em meu Instagram, e atendo como terapeuta.

Tenho uma pergunta a você, leitor: Qual é a palavra que tem movido você até hoje? Quais são as correntes que lhe impedem de viver o novo de Deus? Enfrentamos inúmeras dores, decepções e desafios ao longo da vida, mas com certeza seu trauma não define quem você é, você é o que Deus projetou para ser. Se olhar a sua situação desfavorável, suas limitações, então estará fadado a não acreditar nas promessas. A promessa sempre vai contrariar as condições que você vive, para que, quando elas se tornarem realidade, você se lembre: **nunca foi sobre mim, sempre foi sobre Ele**.

Hoje eu vivo o "felizes para sempre"; como diz em Cânticos 6:3, "Eu sou do meu amado e meu amado é meu".[1] Convido você a viver o novo de Deus. Foi para a liberdade que Cristo nos libertou, para vivermos Sua plenitude. Convido você a adquirir o *e-book* e viver, na prática, os desafios da liberdade. Seja livre de suas próprias correntes. Supere seus limites.

1 BÍBLIA on-line. Cânticos 6. Disponível em: https://www.bibliaonline.com.br/nvi/ct/6/3. Acesso em: 2 out. 2024.

“Nunca foi sobre mim, sempre foi sobre Ele. Nunca foi sobre quem eu sou, mas quem Ele é.”

Susana Monteiro Netto

Waldirene Rocha

Sou Waldirene Rocha, a segunda filha de Emidia Maria Rocha Eleotério e João Batista Eleotério (*in memoriam)*, irmã de Wanderson, Wilmara e Walberson, natural de Maringá/PR e residindo em Munhoz de Mello/PR com a minha amada família: meu esposo Antônio Pedro Righetto, com quem sou casada há treze anos, e meus filhos, Mauro Henrique Eleotério, Sara Eleotério Costa e Samara Eleotério Costa.

Sou pastora há doze anos e missionária há mais de 27 anos. Idealizadora de um canal de comunicação via WhatsApp (Grupo Rocha Eterna), alcançando mais de vinte mil almas, dentro e fora do Brasil, todos os dias através da ministração da Palavra do Senhor, onde tenho a missão de alcançar e transformar a vida das pessoas por meio dos bens feitos e do Evangelho de Cristo.

waldireneroch

+55 (44) 99906-0710

SUPERE *Seus* LIMITES

28 ENTREGUE NO ALTAR E VIVENCIANDO MILAGRES

Por Waldirene Rocha

"Uma mulher improvável", fui vista assim por muito tempo pelas pessoas à minha volta. Vivi a minha infância e grande parte da minha vida adulta em Paiçandu, uma cidade localizada no noroeste do estado do Paraná, sendo criada por uma mulher que trabalhou a vida inteira como professora para criar os seus quatro filhos sozinha, da melhor maneira possível, com dignidade, humildade e acima de tudo na presença do Deus Altíssimo.

Quando completei 8 anos, minha família foi surpreendida com o falecimento de meu amado pai, por conta de um acidente em meio às águas, deixando minha mãe viúva aos 33 anos, com a responsabilidade de cuidar de quatro filhos sozinha. Essa missão ela cumpriu, por meio de sua fé, com amor, carinho, garra e perseverança. Cada um de seus filhos possui uma história e eu gostaria de compartilhar a minha com você.

Eu não quero iniciar a minha história com a frase "Era uma vez", como nos contos de fadas, mas sim com "E assim Deus fez", você irá entender ao final deste capítulo o porquê desta frase.

Aos dois meses, em uma Manhã Missionária na Igreja Assembleia de Deus de Paiçandu, o pastor perguntou à igreja quem teria coragem de entregar o seu filho para o campo missionário, e minha mãe, em um ato de fé, me conduziu até o altar e me entregou para a obra missionária, para que eu pudesse falar sobre o amor de Jesus e levar almas para o Reino dEle. A partir deste dia, a minha história foi marcada.

Quando tinha 8 anos, o Espírito Santo já falava comigo, porém eu não compreendia. Em vista disso, mesmo eu sendo apenas uma criança, não me permitia ficar com a juventude, mas sim com as irmãs do círculo de oração, sempre participando dos cultos, estudos bíblicos, indo em montes para falar com Ele, me consagrando e buscando fazer a vontade do Senhor, onde Deus sempre usava seus profetas para declarar profecias sobre a minha vida.

O tempo foi passando e eu via os missionários, pastores, membros da igreja cada um com o seu testemunho de vida e eu dizia ao meu Deus que gostaria de ter o meu próprio testemunho e assim edificar a vida das pessoas e falar dos bens feitos de Jesus para com a minha vida. E assim Deus fez.

Aos 22 anos, entrei em um relacionamento e me casei com um evangelista da mesma igreja a qual eu frequentava. Com uma semana de casada, o êxtase que eu tinha foi retirado de mim pelo mesmo homem com quem me casei, dando início a um relacionamento abusivo, proferindo agressões físicas e psicológicas contra mim. Mesmo diante das circunstâncias dentro do casamento, permaneci com ele durante três anos, em que tive duas filhas, a mais velha nasceu de 26 semanas devido às agressões vivenciadas.

Esses três anos foram marcados por muitas lutas, mas sempre acreditando nas promessas que Jesus faria na minha vida. Quando finalmente consegui me libertar desse casamento e tive a esperança de que tudo iria se restabelecer, passei por uma privação financeira, um ano sem gás, sem chuveiro e sem geladeira, com três crianças pequenas; entretanto, Deus sempre preparando o maná de cada dia.

Quando tinha 26 anos, fui surpreendida com as enfermidades, tive dois infartos e um derrame, o que provocou imobilidade de ambas as pernas, formigamentos e muita cefaleia. Com o ocasionamento desses eventos, os médicos fizeram diversos exames para buscar a causa dos sintomas citados, concomitante com o esquecimento que me assolava. Foi quando um médico neurologista me diagnosticou com uma doença crônica e autoimune, a esclerose múltipla (EM). Ao ser diagnosticada com essa doença, os médicos informaram à minha família que eu tinha apenas dois meses de vida e pediu para que ela fizesse todo o possível para que eu ficasse o mais confortável possível durante os meses que me restavam.

Os meses de vida que os médicos me deram se passaram e eu lutei a todo o momento para ficar viva, pois eu conhecia o Deus a qual eu servia e para Ele nada seria impossível. Durante todo o processo, passei os dias orando, mesmo sem sair uma palavra da minha boca, e cantando um dos hinos marcados no meu processo de cura, o louvor da cantora Lauriete, "Palavras". Busquei ao Senhor a todo o momento e não perdi a esperança das promessas que foram lançadas sobre a minha vida.

Foram mais de dois anos indo e vindo do Hospital Universitário do Município de Maringá. Nesses anos, passei a depender exclusivamente da minha família para fazer coisas básicas, como tomar um banho, comer e escovar meus próprios dentes. Não dispunha de mobilidade de ambas as pernas, além de exoftalmia e afasia, perdi totalmente a minha fala. No entanto, uma coisa não saía do meu coração, eu sabia que todo aquele processo de enfermidade e batalhas espirituais eram necessários para eu me tornar uma mulher que fosse totalmente dependente de Deus.

Quando estava me recuperando da EM, aos 30 anos, em uma consulta de rotina no hospital, uma médica endocrinologista me comunicou que eu precisaria ser encaminhada para o Hospital do Câncer de Maringá (HC). Quando eu pensei que tudo iria finalmente se alinhar, descobri um câncer na tireoide, dois tumores do lado direito e quatro nódulos do lado esquerdo.

Na minha mente, eu pensei que seria o fim, pois o inimigo já tinha tentado paralisar as minhas pernas, as minhas mãos, a minha mente e a única coisa que tinha me restado era a minha voz e isso estava sendo tirado de mim também.

Ao passar pelo HC, fui liberada para a casa, peguei o ônibus para me dirigir até a cidade vizinha, onde eu morava, e só conseguia pensar nos meus filhos e que não poderia me entregar para a morte, mesmo os médicos não me dando esperanças de sobrevivência, pois eu ainda estimava vivenciar as promessas feitas por meu Deus.

Ao chegar na rua da minha residência, fui surpreendida com a notícia que a minha casa estava em chamas com o meu filho mais velho dentro. O pouco que eu tinha estava sendo consumido pelo fogo. Quando as chamas estavam sendo apagadas, eu só pensava que para Deus tudo tinha um propósito e era necessário passar pelo processo. Eu só conseguia agradecer a Deus por meu filho estar vivo e foi aí que o Senhor me deu mais forças para lutar.

A partir dessa situação, tirei forças de onde não tinha, reergui a minha casa, passei pela cirurgia da tireoide e fui curada da esclerose múltipla, através de muita oração e louvores a Deus, o qual os médicos até hoje não compreendem como isso aconteceu, visto que a EM não tem cura até hoje.

Foi aí que Deus começou a fazer os bens feitos na minha vida. O chamado, ao passar dos dias, queimava mais forte dentro do meu coração, foi quando Deus começou a enviar as pessoas através do meu testemunho para que eu pudesse orar por elas.

Meu nome começou a ser soprado pela minha cidade e aos municípios vizinhos, as pessoas queriam ver de perto o que Jesus tinha feito na minha vida. Minha casa a todo o momento estava cheia de pessoas, buscando ouvir a voz do Espírito Santo e se render aos pés do Senhor. Comecei a pregar a Palavra do Senhor nas igrejas, iniciando nas tardes de libertações e entoando louvores nos cultos. Prossegui na minha caminhada e no meu chamado, proferindo o Evangelho a toda criatura, em cultos de libertação, congressos e células.

Após oito anos sozinha, caminhando com meus três filhos, pregando a palavra do Senhor, conheci meu atual marido, um pastor, em uma das ministrações a qual fui convidada para pregar. Nos casamos e me mudei para a cidade a qual ele residia. Após a celebração do casamento, fui ungida à pastora e assim permaneço há doze anos. Os anos se passaram, as profecias continuavam a ser proferidas sobre a minha vida, as quais me diziam que meu nome seria levado às nações e eu seria reconhecida por multidões.

No dia 30 de janeiro de 2023, em um dos momentos de muita luta, enviei um áudio de devocional para uma amiga e ela me pediu para enviar novamente no dia seguinte, no entanto eu disse que não iria enviar. Com muita insistência, superando os meus limites, iniciei através do WhatsApp um canal de comunicação denominado "Grupo Rocha Eterna", o qual realizo um devocional durante cinco dias na semana para falar do amor de Jesus, entretanto nunca imaginei que chegaria à proporção que está hoje.

Muitos me perguntam o porquê do nome "Rocha Eterna". O Rocha é por conta do meu sobrenome e Eterna é porque eu almejo lhe ver na eternidade.

Esse meu projeto, Grupo Rocha Eterna, hoje totalizando quatro grupos, atinge aproximadamente vinte mil pessoas todos os dias. A Palavra do

Senhor tem chegado a diversos estados do Brasil, não só no meu estado, Paraná, mas também na Bahia, Tocantins, Minas Gerais e Brasília. Não restringindo apenas ao nosso país. Minha voz tem alcançado países à fora, como Estados Unidos, Alemanha, Espanha, Turquia, Portugal e muitos outros.

Todos os dias recebo testemunhos de todas as nações, pessoas se rendendo aos pés do Senhor, contando os milagres os quais o meu Deus tem feito em suas vidas. Curas, restaurações de casamentos, transformações, salvação e organização, em que um dos meus tópicos todos os dias é "Organize-se", pois a organização nos traz praticidade. Através desse canal, e a permissão do meu Deus, mais portas estão sendo abertas.

O Senhor me fez compreender que tudo tem um propósito e as provações que eu passei na minha vida eram necessárias para que eu pudesse usufruir das promessas. No começo desse capítulo, eu citei que não poderia começar a minha história com um simples "Era uma vez", mas sim com "E assim Deus fez". Ele fez grandes coisas na minha vida, as provações foram necessárias para que eu pudesse vivenciar o novo de Deus.

Eu lhe convido a vivenciar tudo aquilo que o Céu tem a lhe oferecer, o meu Deus lhe fez para ser, fazer e usufruir, não importa qual é o seu cenário, as suas provações, seja ela espiritual, familiar, profissional e sua saúde, Deus faz porque Ele fez na minha vida. Hoje eu posso dizer que sou uma mulher improvável sim, mas uma mulher que superou todos os seus limites, crendo em mudanças de decretos.

“Deus lhe fez para ser, fazer e usufruir.”

Waldirene Rocha

Walkiria Jacó

Eu, Walkiria Jacó, natural de Itanhomi/MG, resido em Patos de Minas/MG com meu esposo Nivaldo Machado, com quem sou casada há dez anos.

Sou formada em Gestão Comercial, tenho pós-graduação em Sexologia, atuo hoje com terapeuta holística e sistêmica e com essas técnicas ajudo pessoas a resolverem conflitos internos, como ansiedade, depressão, dores crônicas e outras doenças. Meu propósito é acolher cada um com a sua história de vida e seus traumas e dores, a levar uma vida mais leve.

Minha história de vida nunca foi um sucesso, superei muitos desafios, dores e traumas, medos e julgamentos, para transformar todos os meus conhecimentos em práticas hoje.

walkiria.jacoterapeuta

+55 (34) 99706-9862

SUPERE *Seus* LIMITES

29 SUPERANDO OS DESAFIOS NA VIDA

Por Walkiria Jacó

Olá! Venho contar um pouquinho da minha história, de vários desafios que eu tive para chegar até onde eu estou hoje. Venho de uma cidade do interior de Minas Gerais, chamada Capitão Andrade, onde eu morei até completar os meus 18 anos. Desde criança, sempre tive uma mente empreendedora. Com 13 anos, eu já vendia cosméticos na minha escola para minhas amigas e professoras, tinha um sonho muito grande que era fazer um curso de cabeleireira. Até que um dia uma amiga da minha mãe me ofereceu para eu fazer o curso com ela. Fiz e aprendi várias coisas e já comecei a colocar em prática tudo tinha aprendido.

Eu sempre pensei grande e, sendo assim, pretendia montar um espaço para atender as minhas clientes que conquistei durante esse tempo. Uma amiga da minha mãe me ofereceu a varanda da casa dela para eu começar a atender minhas clientes, mas com um mês que eu estava trabalhando, ela me avisou que precisava mudar, que eu não poderia ter mais o salão lá. Nessa hora, eu entrei em desespero, pois a minha mãe não iria deixar eu montar meu espaço em outro lugar, ela não queria que eu trabalhasse fora, pois ela foi sempre uma mãe rígida comigo. Como eu cresci dentro da igreja evangélica, tinha muitas crenças limitantes e que me bloqueavam, então eu tinha que ser uma pessoa bem certa para que as outras pessoas não me julgassem, e isso me sufocava a cada dia, pois eu via os meus sonhos morrerem.

Foi até quando eu completei meus 18 anos. Eu já estava cansada de todas essas regras e sufoco, nesse momento foi quando eu decidi que eu queria fugir de casa, porque eu já não aguentava mais. Eu esquematizei e saí decidida a não voltar. Deixei algumas roupas na casa da minha amiga para minha mãe não desconfiar, fui para o salão e trabalhei normalmente, juntei tudo o que eu precisava.

Foi uma etapa muito difícil na minha vida, mas eu tinha certeza do meu potencial, que eu ia ser uma mulher de sucesso. Peguei carona com um amigo, pois eu não tinha destino, paramos em Belo Horizonte, lembrei que tinha umas tias distantes que moravam lá. Eu decidi, conversando com elas, que poderíamos morar juntas, pois eu não sabia o que iria ser dali para frente, tinha medo, mas estava decidida a mudar de vida.

Foi quando a minha mãe soube e queria de toda forma que eu voltasse para casa dela e eu não quis, sabia que não ia ser fácil, pois lá eu tinha tudo. Em Belo Horizonte, eu ia começar do zero, com apenas quatro pares de roupas, foi o que eu levei comigo, e também uma chapa, um secador e uma bolsa de maquiagem, somente isso que eu consegui levar comigo no dia que fugi de casa.

Ao chegar à casa da minha tia, ela me recebeu de braços abertos, sou muito grata. Fiquei na casa dela apenas dois meses, quando eu decidi que ia morar com uma amiga minha e foi muito desafiador, pois eu não tinha serviço e não tinha ninguém para me ajudar, mas tinha certeza de que Deus estava comigo naquele momento. Foi quando abriu uma oportunidade para trabalhar em um salão, sendo o meu primeiro trabalho em Belo Horizonte. Nesse salão eu ganhava apenas comissão no atendimento e isso me ajudou muito para me estabilizar.

Eu precisava ganhar mais, espalhei vários currículos pela cidade, porque tinha que pagar o aluguel, pagar as minhas coisas pessoais e pagar as minhas dívidas pendentes. Surgiu uma vaga no supermercado, eu nem pensei duas vezes, porque sabia que iria resolver minha vida. Eu fiquei por três meses nesse trabalho. Comecei a ter minhas coisas e pagar o que eu precisava. Foi quando eu conheci o meu marido e dono do mercado; a gente namorou por seis meses e depois nos juntamos. Um certo dia, eu e meu marido decidimos mudar para outra cidade, para crescermos profissionalmente, sendo assim, fomos para Patos de Minas, mas eu não conhecia ninguém, apenas ele, e foi outro desafio para mim, pois não tinha serviço. Foi quando eu tive depressão, essa foi uma fase muito difícil para mim, engordei 14 kg, fora a tristeza e o desânimo que eu sentia.

Depois de dois meses que eu estava morando lá, já tinha colocado vários currículos em toda cidade e não tinha achado nenhum serviço, então uma moça que tinha um salão perto da minha casa bateu na minha porta e perguntou se eu poderia ajudá-la, pois a manicure dela não tinha conseguido trabalhar naquele dia. Eu falei que podia, pois estava precisando muito. Falei com ela: "Se você precisar de alguém, pode me chamar, porque eu estou precisando muito". Passou uma semana, ela me ligou e perguntou se eu poderia ir trabalhar, pois a manicure dela tinha saído do salão. Foi a melhor notícia que recebi naquele momento de necessidade. Esse salão foi uma porta grande que se abriu na minha vida, sou muito grata por tudo que a dona do salão fez por mim, por ter aberto as portas, por ter me acolhido e me ensinado a ser uma pessoa melhor profissionalmente. Eu realizei vários sonhos, como a minha moto própria, a minha CNH e o curso de administração.

Passados alguns meses, eu senti uma dor insuportável na coluna, que até chegou a travar; cada dia que passava a dor piorava. Fui ao médico, fiz vários exames, tomei medicações e nada estava resolvendo, até fisioterapia, mas o médico me disse que eu tinha que parar de fazer unhas, pois a minha saúde estava muito comprometida. O desespero tomou conta, pois eu não sabia fazer mais nada além da unha.

Estava há três anos no salão e lá conheci várias clientes, uma delas tornou-se uma amiga, sempre fazia a unha dela. Até que ela falou para mim: "Walkiria, tenta vender *lingerie*, é uma coisa que vende bem, vai dar muito certo para você vender." Fiquei com medo e com muitas dúvidas, pensei: "Será que vai dar certo? Será que vou vender bem?". Até que me organizei, guardei dinheiro, investi em uma compra de *lingerie*, comprei apenas dez conjuntos para começar a vender; com quinze dias efetuei outro pedido, pois meus dez conjuntos venderam muito rápido.

Percebi que havia uma boa procura por *lingerie* e, após quatro meses, decidi montar uma loja no fundo da minha casa que tinha um cômodo vazio, então decidi investir mais um pouquinho. Tiveram altos e baixos, mas deu certo, montei meu espaço, fiz a inauguração e chamei algumas amigas e vizinhas. Nesse dia consegui fazer uma venda grande, fiquei muito feliz. Passou um ano, já tinha muitas clientes, decidi que eu queria ter a minha loja física, então veio a pandemia, tive que parar por dias, mas o meu sonho não parou.

Passei em frente a uma loja e vi que ela estava para alugar, foi quando eu decidi conversar com a proprietária para dar uma olhada. Decidi que era aquela que eu queria, mas, com a pandemia, tive que esperar dois meses para abrir a loja e não tinha dinheiro suficiente para montá-la. Então fui desafiar minha fé e sem dinheiro mesmo, com a cara e a coragem, comecei a colocar meu sonho em prática. Mandei fazer todos os móveis e a decoração, tudo saiu como eu tinha planejado, com muito carinho, eu queria o melhor para minhas clientes. Com o tempo realizei vários sonhos com minha loja, registrei minha marca no IPI como Espaço da Wal.

Não parou por aí, consegui fazer pijamas com minha marca também, foi outra conquista, eu estava muito feliz. Depois fui reconhecida por dois anos consecutivos como a melhor loja de atendimento de Patos de Minas, com um certificado. Foi muito grandioso me ver cada dia crescendo mais e mais.

Eu queria fazer sempre o melhor para todas as minhas clientes, as minhas peças eram escolhidas a dedo, pois tinha certeza de que elas iriam amar; nos meus atendimentos, sempre dava o melhor de mim para cada uma delas.

A minha loja estava indo muito bem, mas minha saúde emocional não estava, pois trabalhava muito e não tinha tempo para outras atividades, então comecei a ter crises de ansiedade. Marquei uma consulta e o médico descobriu que eu tinha desenvolvido ansiedade generalizada; as crises eram muito fortes, comecei até a duplicar os medicamentos, pois queria dormir o dia inteiro, não queria ver ninguém e foi o maior desafio para mim.

Busquei ajuda com um médico e um psicólogo, mas nada resolvia as minhas crises de ansiedade, então comecei a fazer um novo tratamento que me ajudou muito, que foi a terapia complementar, porque consegui entender todos os meus traumas e dores que estavam desenvolvendo as crises. Senti que já estava bem melhor, comecei a me interessar por terapia e resolvi fazer novos cursos, abrir minha mente, expandir algo novo para ajudar outras pessoas com os mesmos problemas.

Tive um grande avanço, comecei a fazer o curso com minha mentora Priscila, entrei para uma família onde aprendi muita coisa, principalmente a superar meus medos e crenças limitantes. Ali comecei a dar o primeiro passo para ser terapeuta familiar, então coloquei todos os meus atendimentos em prática e cada dia que passava eu comecei a atender mais clientes. Foi quando eu tomei a decisão de fechar a minha loja, que era um sonho que eu já tinha realizado, mas estava na hora de ser finalizado.

Dei o primeiro passo, que foi montar o meu escritório para atendimento. Não foi fácil tomar essa decisão, mas hoje eu sou muito grata e feliz por todas as dificuldades, por todos os medos e por todas as conquistas que me trouxeram até aqui, de poder contribuir e ajudar outras pessoas com a minha história, pois superei vários desafios e em todos eu estive sozinha. Nunca desisti; por mais que estivesse difícil, eu sempre corri atrás dos meus sonhos para realizá-los. Tive muito julgamento, muitas críticas e poucos elogios, mas isso me tornou uma pessoa muito forte, pois todas as críticas que eu recebi usei de degrau para subir na minha vida. O sucesso nunca veio de mão beijada para mim, foram muitas lágrimas, muitas noites difíceis que eu enfrentei para realizar tudo. Sonhe, e por mais que o caminho seja difícil, nunca desista de você.

“O sucesso não cai do céu, ele é fruto do seu próprio esforço de cada dia.”

Walkiria Jacó

EDITORA
CHAVE MESTRA®

Instagram: @editorachavemestra

E-mail: editora@editorachavemestra.com.br

Site: www.editorachavemestra.com.br